David Käbisch
Johannes Träger / Ulrike Witten / Jens Palkowitsch-Kühl

Luthers Meisterwerk – Eine Bibelübersetzung macht Karriere

Bausteine für den Religionsunterricht in der Sekundarstufe I

Ergänzende Arbeitsblätter sowie wichtige Dokumente finden Sie
zum Download unter: www.v-r.de/Luthers_Meisterwerk
Code: FEFWXTqL

Martin Luther – Leben, Werk und Wirken
Herausgegeben von Michael Wermke und Volker Leppin

Vandenhoeck & Ruprecht

Luthers Meisterwerk – Ein Buch wie eine Naturgewalt
Eine Ausstellung vom 16.09. bis 31.12.2015 im Bibelhaus Erlebnis Museum

Anfang des 16. Jahrhunderts. Martin Luther lebt inkognito auf der Wartburg. In wenigen Wochen übersetzt er dort 1522 das Neue Testament aus dem Griechischen ins Deutsche. „Dem Volk aufs Maul schauend" verbindet er dabei gehörte Redewendungen mit pragmatisch-poetischer Zielgenauigkeit zu einem mitreißenden Text, den endlich jeder verstehen kann. 3.000 Kopien seines „Septembertestaments" sind sofort ausverkauft – eine Sensation!
Im Vorfeld des Reformationsjubiläums 2017 lässt das Bibelhaus Erlebnis Museum die beispiellose Entstehungs- und Wirkungsgeschichte der Reformation aufleben. Die beeindruckende Zusammenschau herausragender Bibeldrucke zwischen Gutenberg und Zwingli zeigt, wie „Luthers Meisterwerk" unser Leben bis heute prägt.
Martin Luthers „Biblia Deutsch" war der Auslöser der ersten Medienrevolution der Weltgeschichte. Mit seinem „Meisterwerk" legte der Reformator den Grundstein für die einheitliche deutsche Hochsprache – und damit für die rasante Entwicklung der modernen Wissensgesellschaft und unserer hochtechnisierten Zivilisation.
Dank ihres didaktisch-pädagogischen Konzepts ermöglicht die Ausstellung eine einfache alters- und schulformgerechte Einbindung der Thematik in den Schulunterricht. Die vorliegenden Unterrichtsbausteine können als Vor- und Nachbereitung eines Ausstellungsbesuchs genutzt werden.

www.bibelhaus-frankfurt.de
Kontakt:
Bibelhaus Erlebnis Museum
Metzlerstraße 19
60594 Frankfurt am Main
Telefon 069-66 42 65 25

Gefördert durch:

aufgrund eines Beschlusses
des Deutschen Bundestages

Mit 48 Abbildungen

Bibliographische Information der Deutschen Nationalbibliothek

Die Deutsche Nationalbibliothek verzeichnet diese Publikation in der Deutschen Nationalbibliografie; detaillierte bibliografische Daten sind im Internet über http://dnb.d-nb.de abrufbar.

ISBN 978-3-525-77014-6

Weitere Ausgaben und Online-Angebote sind erhältlich unter: www.v-r.de

Umschlagabbildung: © Elisabeth Schreiber, Göttingen

Satz: textformart, Göttingen | www.text-form-art.de
Druck und Bindung: ⊕ Hubert & Co GmbH & Co. KG, Robert-Bosch-Breite 6, 37079 Göttingen

Gedruckt auf alterungsbeständigem Papier.

Inhalt

Quellenverzeichnis

Abbildungen

S. 16: Artwork-Plakat *LUTHER – Er veränderte die Welt für immer* (Deutschland 2003, Regie Eric Till) © NFP* | Luthers Thesenanschlag, Gemälde v. Pauwels © akg-images | Biblia Deutsch 1541. Biblia: das ist: die gantze Heilige Schrifft: Deudsch. Auffs New zugericht. Martin Luther. Holzschnitte von Lucas Cranach d. J., Lucas Cranach d. Ä. und Monogrammist „MS". 1541, Wittenberg: Hans Lufft, Folio © WLB: Bb deutsch 1541 01–2 (S. 21, S. 29) | Martin-Luther-Denkmal Wittenberg © Wikimedia Commons/Pedelecs (S. 28, S. 29) | Wort-Bild-Marke Lutherjubiläum 2017 © www.luther2017.de (S. 29) | Lutherstube © Wikimedia Commons/Vitold Muratov (S. 18, S. 19, S. 29) | S. 20: Filmstill aus *LUTHER – Er veränderte die Welt für immer* (Deutschland 2003, Regie Eric Till) © NFP* / Foto Rolf von der Heydt (S. 29) | S. 22: Biblia Deutsch 1543. Biblia: das ist: die gantze Heilige Schrifft Deudsch Auffs New zugericht. Martin Luther, zweispaltige Ausgabe. Holzschnitte von Lucas Cranach d. J., Lucas Cranach d. Ä. und Monogrammist „MS". 1543, Wittenberg: Hans Lufft, Folio © WLB: Bb deutsch 1543 02 | S. 23: Fraktur und Antiqua: courtesy Luc Devroye; S. 24/25: Johannes Mathesius: Historien. Von des Ehrwirdigen in Gott Seligen thewren Manns Gottes, Doctoris Martini Luthers, anfang, lehr, leben und sterben, Alles ordendlich der Jarzal nach, wie sich alle sachen zu jeder zeyt haben zugetragen durch den Alten Herrn M. Mathesium gestelt, und alles für seinem seligen Ende verfertiget. 1566, Nürnberg: Ulrich Neuber, Quart © BSB: 4 Hom.1361 m | S. 29: Darstellung der Bibelübersetzung (von Johann Martin Bernigeroth) mit Luther und Rörer aus einer Bibel, die 1741 in Züllichau erschien © ThULB Jena Signatur: 8 MS 30215: (1–2) (S. 28) | Septembertestament, Luthers Übersetzung des Neuen Testamentes. Das Newe Testament Deutzsch (Martin Luther). Holzschnitte aus der Werkstatt Lukas Cranach d. Ä. 1522, Wittenberg: Melchior Lotther d. J., Median Folio © BSB: Res/2 B.g.luth.8 | S. 42: Martin Luther: Ein Sendbrieff von Dolmetschen und Fürbitte der Heiligen. 1530, Wittenberg: Georg Rhau, Quart © BSB: Res/4 Th.u.103,XXIV,17 | S. 49: Koffer © Wikimedia Commons/Rob Gyp | S. 55: © David Käbisch | S. 62: Feyerabend-Bibel. Die Propheten all Teutsch. Das Newe Testament Teutsch. D.Mart.Luth. Gedruckt von Johann Feyerabend 1580 in Frankfurt. Illustrationen von Jost Amman © Bibelhaus Erlebnis Museum Frankfurt | S. 76: Offene Bibel Logo © www.offene-bibel.de | S. 77: Papst Franziskus © Wikimedia Commons/presidencia.gov.ar

Bibeltexte

S. 36, S. 57, S. 58/59, S. 60, S. 61, S. 71, S. 76: Lutherbibel, revidierter Text 1984, durchgesehene Ausgabe, © 1999 Deutsche Bibelgesellschaft, Stuttgart | S. 58/59: © für die Bibeltexte: Deutsche Bibelgesellschaft, Stuttgart | S. 61: Bibeltext der Neuen Genfer Übersetzung – Neues Testament und Psalmen. Copyright © 2011 Genfer Bibelgesellschaft. Wiedergegeben mit freundlicher Genehmigung. Alle Rechte vorbehalten | Gute Nachricht Bibel, revidierte Fassung, durchgesehene Ausgabe, © 2000 Deutsche Bibelgesellschaft, Stuttgart | Elberfelder Bibel, revidierter Text 1985 © 2006 SCM R. Brockhaus/Christliche Verlagsgesellschaft, Wuppertal/Dillenburg | Die Bibelstelle ist der Übersetzung Hoffnung für alle® entnommen, Copyright © 1983, 1996, 2002 by Biblica, Inc.®. Verwendet mit freundlicher Genehmigung des Herausgebers Fontis – Brunnen Basel | Die Volxbibel 4.0. Neues Testament, frei übers. von Martin Dreyer (wiki.volxbibel.com) © 2013 Volxbibel Verlag, Witten

Einleitung

Luthers Meisterwerk als Thema im Religionsunterricht (sowie im Geschichts- und Deutschunterricht)

David Käbisch

„Das Meisterwerk der deutschen Prosa ist [...] das Meisterwerk ihres größten Predigers: Die Bibel war bisher das beste deutsche Buch. Gegen Luthers Bibel gehalten ist fast alles übrige nur ‚Literatur'."
Friedrich Nietzsche (1844–1900)

Martin Luthers Bibelübersetzung ist ein Meisterwerk deutscher Literatur, das einen biografisch akzentuierten Zugang zu zentralen Themen des Religions-, Geschichts- und Deutschunterrichts eröffnet. Der Beschäftigung mit Luthers Meisterwerk im Religionsunterricht kommt entgegen, dass Leben, Werk und Wirkung des Reformators ohnehin in (fast) allen Klassenstufen und Schulformen von Interesse ist.[1] Dabei eröffnet Luthers Lebensweg bereits in der Grundschule einen altersgemäßen Zugang zu den folgenden Kinderfragen: Warum haben manche Kinder am Reformationstag keine Schule? Warum „muss" meine Freundin in den katholischen, ich hingegen in den evangelischen Religionsunterricht? Warum hat die evangelische Pfarrerin ein schwarzes, ein katholischer Priester hingegen ein weißes Gewand an? Und was ist das überhaupt: katholisch und evangelisch? Jugendliche wiederum wissen Luther als wichtige historische Persönlichkeit zu würdigen, auch wenn sich deren Wissensspektrum meist auf die Anfänge der Reformation beschränkt und Luther mit einem ahistorischen, neuzeitlichen Blick wahrgenommen wird.[2]

Die vorliegenden Unterrichtsbausteine zu Luthers Meisterwerk, die 2015 aus der gleichnamigen Ausstellung im *Bibelhaus Erlebnis Museum* in Frankfurt am Main hervorgegangen sind,[3] vertiefen und erweitern das in der Grundschulzeit (und später) erworbene Wissen: Vertieft wird im ersten Baustein das biografische Wissen um Luthers Wartburgaufenthalt 1522 und die dort begonnene Übersetzung des Neuen Testaments, die (bis heute) zu einem publizistischen Erfolg wurde und die deutsche Sprache nachhaltig geprägt hat. Das hier gebotene

1 Vgl. dazu die bislang in der Unterrichtsreihe *Martin Luther – Leben, Werk und Wirken* (Göttingen, hg. von Michael Wermke und Volker Leppin) erschienenen Bausteine von Marita Koerrenz (Grundschule), Michael Wermke/Volker Leppin (Sekundarstufe I) und Judith Krasselt-Maier (Sekundarstufe II). Zu den didaktischen Vorzügen eines „Lernen an Biografien" vgl. zuletzt Ulrike Witten, Diakonisches Lernen an Biographien. Elisabeth von Thüringen, Florence Nightingale und Mutter Teresa, Leipzig 2014, 69–88.

2 Vgl. dazu die Auswertung von acht ausführlichen Interviews bei Sabine Blaszcyk, Martin Luther – ein Bild von einem Mann. Meinungsäußerungen von Jugendlichen aus Sachsen-Anhalt zu Martin Luther, in: Rainer Rausch (Hg.), Martin Luther – ein Bild von einem Mann. Meinungsbilder von Jugendlichen aus Sachsen-Anhalt. Eine wissenschaftliche Studie und deren religionspädagogische Impulse für die Praxis, Hannover (erscheint 2015).

3 Alle Informationen zur Ausstellung auf www.bibelhaus-frankfurt.de/ausstellung/luthers-meisterwerk.html.

biografische Wissen dient der Dekonstruktion populärer, bis heute wirksamer Lutherbilder des 19. Jahrhunderts (darunter das Bild von der alleinigen Autorenschaft Luthers) und wird, im zweiten Baustein, um sprach- und rezeptionsgeschichtliche Aspekte ergänzt. Die Schülerinnen und Schüler können auf diese Weise u.a. Formulierungen in ihrer Alltagssprache entdecken, die Luther (im kontinuierlichen Gespräch mit einer Reihe von Kollegen) geprägt hat. Zum biografischen und sprachgeschichtlichen Wissen tritt im dritten Baustein die weiterführende Einsicht, dass Luther bis zu seinem Lebensende um eine sach- und adressatengemäße Übersetzung der Bibel gerungen hat. Dafür nahm er, wie gesagt, die Hilfe von zahlreichen Gelehrten in Anspruch. Hinter der lebenslangen Teamarbeit steht das theologische und pädagogisch begründete Anliegen der Wittenberger Reformatoren, dass alle Menschen die Botschaft des christlichen Glaubens verstehen können sollten. Neben diesen texthermeneutischen Aspekten ist Luthers Meisterwerk schließlich im vierten Baustein unter medienpädagogischen Gesichtspunkten von Interesse: Denn die damals „Neuen Medien" verliehen der Reformation eine Dynamik, an der Lernende die Bedeutung von Medien für das Zusammenleben von Menschen entdecken können.[4] Aus den genannten biografischen, sprachgeschichtlichen, texthermeneutischen und medienpädagogischen Aspekten ergeben sich die folgenden, spiralcurricular angelegten Themenfelder:

	5./6. Klasse	7./8. Klasse	9./10. Klasse
Biografie (Baustein 1)	– eigene Erfahrungen mit Luther und der Bibel erzählen (M1)	– Erinnerungsorte an Luther und die Bibel beschreiben (M2) – die Entstehung der Lutherbibel kennen (M3)	– Luthers Theologie und das Wittenberger Kollegium kennenlernen (M4/5) – selbst Kirchengeschichte schreiben (M6)
Sprache (Baustein 2)	– Luthers Sprachschöpfungen kennenlernen (M1/2) – einen „Bibel-Koffer" mit Luthers Sprachschöpfungen packen (M8)	– Luthers Sprachschöpfungen kontextualisieren (M3) – die Schwierigkeit des Dolmetschens verstehen (M4)	– Luthers Überlegungen zum Übersetzen (M5) – Luthers Einfluss auf die Sprache (M6/7)
Verstehen (Baustein 3)	– Biblische Sprachbilder zeichnen (M1/2)	– Übersetzungsvarianten diskutieren (M3) – Konfirmationssprüche im Wandel der Zeiten vergleichen (M4)	– das Übersetzen als einen Interpretationsvorgang entdecken (M5/6) – sich zur Bedeutung von Luthers Meisterwerk positionieren (M7)
Medien (Baustein 4)	– den Unterscheid zwischen mündlicher und schriftlicher Überlieferung entdecken (M2)	– Ereignisse der Mediengeschichte nennen (M1) – den Buchdruck als neues Medium (zur Zeit Luthers) beschreiben (M3/4)	– die Verbreitung biblischer Texte in und durch digitale Medien analysieren (M5/6) – Sich zu digitalen Medien und der „größten Errungenschaft" der Menschheit positionieren (M7/8)

4 Zur Medienkunde, Medienkritik, Mediengestaltung und Mediennutzung als Bildungsaufgaben im Religionsunterricht vgl. Jens Palkowitsch, Social Media als Thema des Religionsunterrichts. Entwicklung einer Unterrichtsreihe und ihre Reflexion, in: Ilona Nord/Swantje Luthe (Hg.), Social Media, christliche Religiosität und Kirche. Studien zur Praktischen Theologie mit religionspädagogischem Schwerpunkt, Jena 2014, 239–262.

Die Beschäftigung mit Luthers Meisterwerk im Religionsunterricht knüpft an zahlreiche Kompetenzen an, die auch im Geschichts- und Deutschunterricht (und weiteren gesellschaftlich bildenden Fächern wie Gemeinschaftskunde, Politik etc.) erworben und erweitert werden sollen. Daher bietet sich das Thema für fächerverbindende und fächerübergreifende Projekte an. Ein gemeinsames Erkenntnisinteresse des Religions- und Geschichtsunterrichts ist zunächst in der Dekonstruktion von (interessegeleiteten) Geschichtsbildern zu sehen, wie sie die Erinnerungsorte des 19. Jahrhunderts geschaffen haben (vgl. die Lutherstube auf der Wartburg oder die Lutherdenkmäler in Eisenach, Wittenberg, Möhra und Eisleben).[5] Diese Bilder leben heute nicht nur in populären Lutherfilmen, sondern auch in der Reformationsfolklore fort. So greift, um nur ein Beispiel zu nennen, der 2015 erschienene „Playmobil-Luther" das zentrale Darstellungsmotiv nationaler Lutherdenkmäler des 19. Jahrhunderts auf: Der Prediger im Talar mit „seiner" Bibel. Durchgängiger Gegenstandsbereich beider Fächer sind ferner Fragen und Probleme des gesellschaftlichen Zusammenlebens.[6] Die in diesen (und weiteren, gesellschaftsbezogenen) Fächern zu erwerbenden *Kompetenzen* stehen daher in einem Ergänzungsverhältnis zueinander. Die Lernenden erweitern bei der Beschäftigung mit Luthers Meisterwerk insbesondere ihre:

1. *Analysekompetenz*, indem sie Schlüsselprobleme des gesellschaftlichen Zusammenlebens aus verschiedenen fachlichen Perspektiven analysieren (Freiheit des individuellen Gewissens gegenüber politischer Herrschaft, Frieden / Gewalt in der Reformationszeit und heute, Strukturen gesellschaftlicher Gerechtigkeit / Ungerechtigkeit, Globalisierung durch Wissenstransfer und neue Medien etc.);
2. *Urteils- und Orientierungskompetenz*, indem sie in der Auseinandersetzung mit diesen Schlüsselproblemen zu eigenständigen, argumentativ begründeten Sach- und Werturteilen kommen;
3. *Handlungskompetenz*, indem sie auf der Basis eigener Sach- und Werturteile Möglichkeiten gesellschaftlicher Partizipation nutzen und (in imaginierten Handlungssituationen) Entscheidungen treffen;
4. *methodische und kommunikative Kompetenz*, indem sie Text-, Bild- und Filmquellen sowie digitale und vernetzte Medien fachgerecht nutzen, eigenständig zu fachlichen Fragen recherchieren, eigene Urteile u. a. in kreativen Schreibaufgaben artikulieren und ihre Beobachtungen (u. a. mit Mindmaps) dokumentieren.

Für das fächerverbindende und fächerübergreifende Lernen bietet sich insbesondere eine Fokussierung auf wenige, dafür aber wiederkehrende Methoden, Quellen und Medien an (vgl. Übersicht auf der folgenden Seite).

Hinzuweisen ist abschließend auf vielfältige Möglichkeiten des fächerverbindenden und fächerübergreifenden Lernens mit dem Deutschunterricht: Thematisch eröffnet Luthers Meisterwerk einen Zugang zur deutschen Sprachgeschichte und Literatur. Ferner können methodisch zahlreiche im Deutschunterricht erworbene Kompetenzen im Religionsunterricht

5 Zahlreiche Unterrichtsmaterialien zu diesem Thema bieten außerdem David Käbisch/Johannes Träger, Reformation, in: Christoph Gramzow/Juliane Keitel/Silke Klatte (Hg.), Sechs Unterrichtseinheiten für das 7./8. Schuljahr, Stuttgart 2014, 106–143 sowie David Käbisch/Patrik Mähling, Auf den Spuren Martin Luthers. Ein Gemeindenachmittag zur Vorbereitung einer Exkursion nach Eisenach, in: Gottfried Orth (Hg.), Martin Luther in der Gemeinde. Ideen, Materialien, Arbeitsblätter [mit digitalem Zusatzmaterial], Göttingen 2013, 87–95.

6 Ohne Einzelnachweis beziehen sich die folgenden Ausführungen auf die Curricula im Fach Geschichte in Hessen: Bildungsstandards und Inhaltsfelder. Das neue Kerncurriculum für Hessen Sekundarstufe I (online unter kultusministerium.hessen.de, Zugriff 22.05.2015).

	Biografie (Baustein 1)	*Sprache (Baustein 2)*	*Verstehen (Baustein 3)*	*Medien (Baustein 4)*
Textanalyse	M5, M5b	M1, M5, M6a, M6b	M3, M4, M5	M3, M4a, M4b, M4c, M4d, M6
Bildanalyse (inkl. Schrift- und Sprachbilder)	M1a, M4a, M4b, M6	–	M1, M2, M6a, M6b	–
Filmanalyse	M3	–	–	M8
Recherche	M2a, M5a, M5b	M2, M3a, M3b; M3c	M1, M4	M4d
Kreative Schreibaufgabe	M2b, M6	M4, M6a, M6b	M3, M7	M3, M4a, M6, M8
Begriffsnetz Zeitstrahl	M1b	–	–	M1, M5

angewandt und erweitert werden.[7] Mit den genannten kreativen Schreibaufgaben entwickeln die Schülerinnen und Schüler nicht nur die Fähigkeit, sich das Denken, Fühlen und Handeln von anderen Menschen vorzustellen (Fähigkeit zur Perspektivübernahme und zum Perspektivenwechsel); sie sind auch dazu aufgefordert, situations- und adressatenbezogen zu schreiben, ihre Arbeiten zu präsentieren, selbstkritisch einzuschätzen und die Gestaltungsmöglichkeiten verschiedener Präsentationsmedien auszuprobieren (Kompetenzbereich *Schreiben und Gestalten*). Um eine zu große Textlastigkeit (vor allem in Haupt- und Realschulen) zu vermeiden, lassen sich alle Schreibaufgaben so modifizieren, dass die Schülerinnen und Schüler stattdessen ein Rollenspiel einüben, mit ihren Smartphones ein Radio-Podcast produzieren oder eine Filmsequenz entwerfen können. Ein Ziel des Religions- und Deutschunterrichts besteht ferner darin, einen systematischen Umgang mit literarischen und nichtliterarischen Texten / Medien zu erlernen. Mit den vielfältigen Aufgaben zur Text-, Bild- und Filmanalyse entnehmen sie selbstständig Informationen aus Texten / Medien, verknüpfen diese miteinander und entwickeln verschiedene Lese- und Rezeptionstechniken (Kompetenzbereich *Lesen und Rezipieren*). Die Schülerinnen und Schüler untersuchen und reflektieren zudem an zahlreichen Beispielen ihre Sprache und ihren Sprachgebrauch. Durch den in den Bausteinen eingeübten analytisch-reflektierenden Umgang mit Sprache entwickeln sie nicht nur ihr Sprachgefühl und ihr Sprachbewusstsein, sondern erwerben auch grundlegende Kenntnisse und Fähigkeiten im Umgang mit Mündlichkeit und Schriftlichkeit (Kompetenzbereich *Sprache und Sprachgebrauch untersuchen und reflektieren*). Kurzum: Luthers Bibelübersetzung ermöglicht vielfältige Zugänge zur deutschen Geschichte und Gegenwartssprache.

7 Zu den folgenden Ausführungen (ohne Einzelbelege) vgl. die Curricula im Fach Deutsch in Hessen: Bildungsstandards und Inhaltsfelder. Das neue Kerncurriculum für Hessen Sekundarstufe I (online unter kultusministerium.hessen.de, Zugriff 22.05.2015).

Baustein 1

Solus Lutherus? Oder: Die Entstehung der Wittenberger Bibel

Johannes Träger

1. Kirchengeschichtliche Einführung

„Weder besitze ich ein Verzeichnis aller meiner eigenen Bücher, noch besitze ich alle meine Bücher selbst, da es mein Wunsch ist, dass die Bibel anstatt meiner Bücher gelesen werde.“[1]

Diese Aussage Martin Luthers war weniger nobles Understatement als eine Klarstellung. Luthers Theologie, die er in seinen zahlreichen Schriften, Predigten, Vorlesungen, Liedern und Briefen öffentlich entfaltet hatte, verfolgte ein Ziel: Die Botschaft Gottes an die Menschen verständlich werden zu lassen. Seine Bibelübersetzungen gelten als „Meisterwerk“ der Verkündigung.

Die lebenslange Auseinandersetzung mit der biblischen Überlieferung begann für Luther 1505 mit seinem Eintritt in das Kloster der Erfurter Augustiner-Eremiten. Durch seinen väterlichen Lehrer Johannes Staupitz gefördert, nahm er 1508 ein Theologiestudium in Wittenberg auf. Damit hatte sich Luther auf eine folgenreiche Suche nach „dem Kern der Nuss“[2] begeben, die sein Leben und seine Welt verändern sollte. Diesen „Kern der Nuss“ suchte Luther in der Schrift, im Evangelium. Er ging – dem humanistischen Ideal folgend – zu den Quellen. Für Luther aber war die Bibel keine rein historische Quelle, sondern die Quelle des Lebens. Kurz nach seinem Klostereintritt begann er die hebräische und griechische Sprache zu erlernen, um sich von traditionellen Bibelkommentaren und -übersetzungen zu befreien. Experten für die biblischen Ursprachen fand Luther in seinen Wittenberger Kollegen Philipp Melanchthon und Matthäus Aurogallus.

Nach der Promotion zum Doktor der Theologie 1512 an der Universität Wittenberg übernahm er an der Leucorea bis zu seinem Tod 1546 die *Lectura in biblia*. Die wissenschaftliche Auslegung der einzelnen biblischen Bücher vom Katheder aus blieb bei Luther kein gelehrter Diskurs im akademischen Elfenbeinturm, sondern Vorbereitung der Verkündigung des Wortes, des Evangeliums. Intensive theologisch-philologische Vorarbeiten gingen seinen Vorlesungen voraus. Luther begann 1513 mit der Auslegung der Psalmen. Bis 1518 folgten Vorlesungen zu den paulinischen Briefen an die Römer, Galater und Hebräer, um dann wieder zu den Psalmen zurückzukehren. Diese theologische Vertiefung in die biblischen Texte förderten für Luther Erkenntnisse zutage, die seine Kritik am Ablass und an offensichtlichen Missständen der römischen Kirche begründeten. Ab dem 31. Oktober 1517 trat er damit in das Licht einer breiten Öffentlichkeit. In der Erinnerung Luthers führte sein Nachdenken über den Begriff der Buße und der Gerechtigkeit Gottes zu

1 Brief Martin Luthers an Clemens Ursinus vom 21. März 1521 (WA Br 4, 177, 21–23). Eine deutsche Übersetzung und kurze biografische Angaben zu Clemens Ursinus finden sich bei Kurt Aland, Luther Deutsch. Briefe, Stuttgart [2]1983, 178.

2 WA Br 1, 17, 43 Brief Luthers an Johann Braun vom 17. März 1509.

einem neuen, reformatorischen Verständnis der Bibel:[3] Gottes Wort spricht jedem Menschen die evangelische Freiheit zu. Damit verbunden ist auch die grundlegende Einsicht, dass das Wort Gottes mich als Gesetz oder Evangelium treffen kann. Den überaus erfolgreichen Drucken der Luthervollbibel ab 1534 war dies schon äußerlich anzusehen. Häufig sind sie auf dem Titel mit dem Bildthema „Gesetz und Evangelium" verziert. Lucas Cranach d. Ä. und seine Werkstatt setzten diese fundamentale Unterscheidung ins Bild.[4] Luthers Erkenntnis schlägt sich bis auf den Satzspiegel der Wittenberger Bibel nieder. Sein Sekretär Georg Rörer hatte ab 1541 veranlasst, dass im Druck die Stellen im Bibeltext durch die Verwendung von Fraktur- und Antiquamajuskeln unterschiedlich hervorgehoben wurden, die entweder vom erschreckenden Gesetz Gottes oder vom tröstenden Evangelium handelten.[5] Dabei war Luther keineswegs der Erste, der die Bibel ins Deutsche übertragen hatte, und er kannte die bestehenden Übersetzungen seiner Zeit.[6] Doch sein deutscher Text hob sich entscheidend von den Vorläufern ab. In seiner Vorrede zum Druck des *Septembertestamentes* 1522, das seine erste zusammenhängende Übersetzung aller neutestamentlichen Schriften enthielt, formulierte er seinen Anspruch als Übersetzer und Prediger: Der „eynfelltige man" soll Gottes Evangelium verständlich und damit glaubend lesen können. Diese Öffnung hin zu einem möglichst breiten öffentlichen Leserkreis begründete seinen großartigen Erfolg. Nicht nur die Buchhändler machten ein hervorragendes Geschäft, sondern auch die theologischen Gegner haben auf ihre Weise von diesem Werk profitiert, da sie nicht selten Luthers Formulierungen für eigene Übersetzungen übernahmen.

Bei der oft mühevollen Übersetzungsarbeit, die den Bibeldrucken vorausging, standen philologische Erwägungen immer im Dienst der theologischen Aufgabe, die Sache des Textes – des Evangeliums – verständlich zu machen.[7] Zeit für die intensive Übersetzungsarbeit erhielt Luther in den erzwungenen Aufenthalten auf der Wartburg 1521/1522 und der Veste Coburg 1530.

An dieser Stelle lohnt es sich, zu dem Brief Luthers an Ursinius zurückzukehren. Luther berichtet weiter: „Ich bin dabei, die Bibel nach ihrem hebräischen Urtext zu verbessern. Bete für

3 Für Luthers reformatorische Entdeckung besitzen zwei autobiografische Zeugnisse besondere Geltung: Seine Entdeckung der wahren Buße, die zu seiner scharfen Ablasskritik führte, schildert der Reformator seinem Beichtvater Johann von Staupitz (1465–1524) im Widmungsbrief zu seinen Erläuterungen der Thesen über die Kraft der Ablässe vom 30. Mai 1518 (WA 1, 525–527). Kurz vor seinem Lebensende erinnert sich Luther in der Vorrede seiner lateinischen Werke 1545, wie er im Kontext seiner Vorlesungsvorbereitungen 1519 Gottes Gerechtigkeit als eine passive, den Menschen gerecht machende Gerechtigkeit entdeckte. Vgl. dazu Martin Luther. Lateinisch-Deutsche Studienausgabe. Bd. 2: Christusglaube und Rechtfertigung, hrsg. von Johannes Schilling, Leipzig 2006, 17–23 und 491–509.

4 Zum Bildthema „Gesetz und Evangelium" vgl. Heimo Reinitzer, Gesetz und Evangelium. Über ein reformatorisches Bildthema, seine Tradition, Funktion und Wirkungsgeschichte, 2 Bde., Hamburg 2006.

5 Stefan Michel, Der Korrektor der Bibel. Luthers Übersetzung der Heiligen Schrift in den Händen Georg Rörers, in: Georg Rörer (1492–1557). Der Chronist der Wittenberger Reformation, hrsg. von Stefan Michel und Christian Speer, Leipzig 2012 (LStRLO; 15), 181–199, hier 191.

6 Dies gilt nicht für die mittelalterlichen deutschen Bibelübersetzungen, die Luther nicht in seinen Übersetzungen lenkten, sondern vielmehr für die griechischen, lateinischen und hebräischen Bibeltexte und -übersetzungen, die Luther als Hilfsmittel nutzte. Vgl. dazu Heinz Blanke, Die Abteilung „Die Deutsche Bibel" in der Weimarer Ausgabe, in: D. Martin Luthers Werke. Sonderedition der kritischen Weimarer Ausgabe. Begleitheft zur Deutschen Bibel, Weimar 2001, 25–60, hier 32–35.

7 Den theologischen Anspruch seiner Bibelübersetzungen formuliert Martin Luther im *Sendbrief vom Dolmetschen*, 1530, (WA 30 II, 632–646. 694) sowie in den *Summarien über die Psalmen und Ursachen des Dolmetschens*, 1533, (WA 38, (1) 8–69. 668).

uns!"[8] Bemerkenswert ist die Aufforderung zur Fürbitte „für uns". Erst im 20. Jahrhundert hat die wissenschaftlich-kritische Lutherforschung die Verdienste anderer Wittenberger Gelehrter um die „Lutherbibel" erkannt. Grundlage dafür sind die Mitschriften und Protokolle, die Georg Rörer während der von Luther geleiteten Revisionen des Bibeltextes gewissenhaft angefertigt hat. Hier zeigte sich, dass sich Luther für die Übersetzungen und ständigen Verbesserungen der Wittenberger Bibelausgaben Rat und Hilfe bei seinen Kollegen einholte.[9] Philipp Melanchthon, Matthäus Aurogallus, Johannes Bugenhagen, Caspar Cruciger, Justus Jonas und Bernhard Ziegler gehörten zu diesem Kreis von ausgewiesenen Theologen und Philologen, die sich mit und um Luther versammelten, um an ihrem „Meisterwerk" zu arbeiten.[10]

Nach Luthers Tod 1546 ging es zunächst um die reine Bewahrung seines Erbes, die historische Gestalt Luther wurde aber auch sehr bald monumentalisiert.[11] Die Leistungen seiner Weggefährten und Mitarbeiter wurden bewusst in Luthers Schatten gerückt und sind heute – abgesehen von Melanchthon – weitgehend in Vergessenheit geraten. Gleiches galt für Luthers Anspruch, dass die Übersetzung immer wieder durch neue Erfordernisse und philologische Einsichten zu verbessern sei. Stattdessen bemühte man sich um eine hermetische Konservierung. Der Bibeldruck von 1545 blieb als Luthertext von „letzter Hand" fast 440 Jahre für evangelische Christen verbindlich. So erstarrte „Luthers Meisterwerk" zu einem Sprachdenkmal.

Die verschiedenen Revisionen der Lutherbibel ab Mitte des 19. Jahrhunderts haben neuere – aber nicht unumstrittene – Zugänge zum Evangelium eröffnet. Der Grat zwischen Bewahrung und Öffnung aufgrund aktueller Bedürfnisse, die an den Bibeltext und philologische Einsichten herangetragen werden, bleibt schmal und wird doch immer wieder neu beschritten werden müssen. Doch jede Arbeit mit und an der deutschen Bibel, die sich der Sache des Textes verpflichtet weiß, schärft das Bewusstsein für die Leistung Martin Luthers und der am Wittenberger „Meisterwerk" beteiligten Theologen und Philologen.

8 WA Br 4, 177, 23–24.

9 Zugang zu den Bibelrevisionsprotokollen der Jahre 1531, 1539–41 und 1544 verschaffte erst die Veröffentlichung der Bände 3 (1911) und 4 (1923) der Abteilung Deutsche Bibel der kritischen Weimarer Ausgabe. Diese enthielten das vollständige handschriftliche Material dieser Übersetzungs- und Revisionsarbeit des Wittenberger Gelehrtenkreises.

10 Eine prominente Quelle für die Abläufe und Teilnehmer der Bibelrevision um Luther ist die Lutherbiografie von Johannes Matthesius, Luthers Leben in Predigten, hrsg. von Georg Loesche, Prag [2]1906 (Ausgewählte Werke; 3).

11 Volker Leppin, Von charismatischer Leitung zur Institutionalisierung. Die Bedeutung der Monumentalisierung Luthers im Gesamtgeschehen der Reformation, in: Georg Rörer. Der Chronist der Wittenberger Reformation, Leipzig 2012, 275–286.

3. Literaturhinweise

Zugänge zur Kirchengeschichte

D. Martin Luthers Werke. Sonderedition der kritischen Weimarer Ausgabe. Begleitheft zur Deutschen Bibel, Weimar 2001.

Georg Rörer (1492–1557). Der Chronist der Wittenberger Reformation, hrsg. von Stefan Michel und Christian Speer, Leipzig 2012 (LStRLO; 15).

Leppin, Volker: Martin Luther, Darmstadt 2006.

Martin Luther. Lateinisch-Deutsche Studienausgabe. 3 Bände, Leipzig 2006–2009.

Raeder, Siegfried: Luther als Ausleger und Übersetzer der Heiligen Schrift, in: Leben und Werk Martin Luthers von 1526 bis 1546. Festgabe zu seinem 500. Geburtstag, hrsg. von Helmar Junghans, Bd. 1, Göttingen 1983, 253–278.

Stolt, Birgit: Luthers Übersetzungstheorie und Übersetzungspraxis, in: Leben und Werk

Martin Luthers von 1526 bis 1546. Festgabe zu seinem 500. Geburtstag, hrsg. von Helmar Junghans, Band 1, Göttingen 1983, 241–252.

Zugänge zur reformationshistorischen Erinnerungskultur

Kammer, Otto: Reformationsdenkmäler des 19. und 20. Jahrhunderts. Eine Bestandsaufnahme, Leipzig 2004 (Schriften der Stiftung Luthergedenkstätten in Sachsen-Anhalt; 9).

Lutherinszenierung und Reformationserinnerung, hrsg. von Stefan Laube und Karl-Heinz Fix im Auftrag der Stiftung Luthergedenkstätten in Sachsen Anhalt, Leipzig 2002 (Schriften der Luthergedenkstätten in Sachsen-Anhalt; 2).

Steffens, Martin: Luthergedenkstätten im 19. Jahrhundert. Memoria – Repräsentation – Denkmalpflege, Regensburg 2008.

Zugänge zur Kirchengeschichtsdidaktik

Alltagsgeschichte im Religionsunterricht. Kirchengeschichtliche Studien und religionspädagogische Perspektiven, hrsg. von Konstantin Lindner, Ulrich Riegel und Andreas Hoffmann, Stuttgart 2013.

Didaktik der Kirchengeschichte: Ein Lesebuch und Studienbuch, hrsg. von Gottfried Adam, Rudolf Englert, Rainer Lachmann und Norbert Mette. Münster 2008.

Lindner, Konstantin: In Kirchengeschichte verstrickt. Zur Bedeutung biographischer Zugänge für die Thematisierung kirchengeschichtlicher Inhalte im Religionsunterricht, Göttingen 2007 (Arbeiten zur Religionspädagogik; 31).

Lachmann, Rainer/Gutschera, Herbert/Thierfelder, Jörg (Hg.): Kirchengeschichtliche Grundthemen: historisch – systematisch – didaktisch, Göttingen 2003 (TLL; 3).

4. Didaktisch-methodischer Kommentar

Auf dem Sockel: Ein großer, stattlicher Mann im Talar in selbstbewusster Haltung. Er hält eine aufgeschlagene Bibel fest in der Hand. Mit den Fingern zeigt er auf den Text. Er zeigt auf *sein* „Meisterwerk". Zahlreiche im 19. und 20. Jahrhundert entstandene Lutherdenkmäler haben in ihrer Zeit ein heroisches und teilweise stark deutsch-national gefärbtes Lutherbild geformt.[12] Die damit verbundenen Geschichtserzählungen wirken – auch in einer nahezu entmythologisierten deutschen Geschichtskultur – bis heute nach.[13] Allein der Ausverkauf von 34.000 Playmobil-Lutherfiguren mit Federkiel und deutscher Bibel im Februar 2015 in nur drei Tagen ist dafür ein erstaunlicher Beleg.[14]

Die Fokussierung allein auf die Person Martin Luther gipfelt in der verbreiteten Vorstellung, Luther habe als erster Deutscher die Bibel auf der Wartburg übersetzt. Diese knappe Geschichtserzählung ist, wie in der kirchenhistorischen Einführung gezeigt wurde, ungenau, was aber ihrer Popularität wohl gerade deshalb keinen Abbruch tut. Der kirchengeschichtliche Unterricht zu Luther und der Wittenberger Bibel kann sich daher nicht darin erschöpfen, das populäre kulturelle Gedächtnis zu stabilisieren, das auch durch den Titel dieser Publikation „Luthers Meisterwerk" *einen* Ausdruck gefunden hat. Vielmehr soll bei Lernenden an die Stelle von Geschichten über Luther und die Witten-

12 Eine Übersicht über die Lutherdenkmäler gibt: Otto Kammer, Reformationsdenkmäler des 19. und 20. Jahrhunderts. Eine Bestandsaufnahme, Leipzig 2004 (Schriften der Stiftung Luthergedenkstätten in Sachsen-Anhalt; 9).

13 Einen leicht lesbaren Überblick zum Mythos „Luthers Kampf gegen Rom" bietet Herfried Münckler, Die Deutschen und ihre Mythen, Berlin 2009, 181–196.

14 Spielwaren: Playmobil-Luther nach 72 Stunden ausverkauft. FAZ (11.02.2015), www.faz.net/aktuell/wirtschaft/playmobils-spielfigur-luther-nach-72-stunden-ausverkauft-13422707.html (Zugriff 28.02.2015).

berger Bibel die Geschichte Luthers und der Wittenberger Bibel treten.

Material 1: Geschichten über Martin Luther und die Lutherbibel

Schülerinnen und Schüler bringen bereits ein eigenes Bild von Martin Luther und der „Lutherbibel" in den schulischen Religions- und Geschichtsunterricht mit, bevor überhaupt eine didaktische Beschäftigung stattgefunden hat. Diese ideosynkratischen Wissensinhalte, Einstellungen und Bewertungen sollen daher am Anfang der Unterrichtseinheit erhoben werden. Bilder von Denkmälern, Lutherstätten, Filmplakate und bekannte Logos dienen als Impuls, um Lernende zu aktivieren, die Geschichten über ihre Erfahrungen mit Luther und der Bibel zu erzählen (Material 1a). Im Gespräch ist auch nach Einstellungen und Wertungen zu fragen, welche aus ihren sozialen Bezugsgruppen übernommen oder zurückgewiesen werden. Nach diesem kommunikativen Einstieg bietet sich die Methode des Begriffsnetzes als Vertiefung an (Material 1b). Schülerinnen und Schüler können so ihr individuell verschiedenes Vorwissen zu Luther und der Wittenberger Bibel in komplexer Form visualisieren und persönliche Interessen benennen.

Material 2: „Luthers Patmos" – Das Denkmal Lutherstube auf der Wartburg

Der traditionsreichste und populärste Erinnerungsort, der sich mit Luther und der Bibel verbindet, ist die Wartburg. Vom 4. Mai 1521 bis zum 1. März 1522 hatte Kurfürst Friedrich der Weise Luther an diesem Ort versteckt. Neben einer Reihe von wichtigen reformatorischen Schriften entstand an diesem Ort zwischen Dezember 1521 und Februar 1522 die Übersetzung der Schriften des Neuen Testaments. Zum Geburtsort der deutschen Sprache wurde die Wartburg erst in der Epoche der Romantik erhoben.[15] Dass die erste deutsche Lutherbibel zwölf Jahre nach Luthers Wartburgaufenthalt im Druck erschien, störte die Romantiker dabei wenig. Luthers Wohn- und Arbeitszimmer erlebte kurz nach seinem Tod eine besondere Verehrung als Pilgerstätte.[16] Um den Bedürfnissen der Luther-Pilger entgegenzukommen, wurde der Raum ab dem 17. Jahrhundert mit mehr oder weniger Authentizität ausstrahlenden „Reliquien" ausgestattet. Der berühmte Tintenfleck wurde vor 1690 als „Beweis" an der Wand angebracht. Er sollte von Luthers Kampf mit dem Teufel zeugen, den der hitzige Reformator mit Tinte gewonnen hatte. Der Fleck musste aber immer wieder erneuert werden, da er von Souvenirjägern regelmäßig abgekratzt wurde. Eine Ausstattung mit historisierendem Mobiliar und einer Sammlung von Devotionalien erhielt die Lutherstube im 19. Jahrhundert, als die Wartburg zum deutschen Nationaldenkmal umfassend umgestaltet wurde. Erst 1953 wurde das üppige Interieur des Raumes reduziert.

Mit Hilfe einer Abbildung der Lutherstube in ihrem Zustand seit 1953 und Erläuterungen zu den Ausstattungsgegenständen sollen die Lernenden nachvollziehen können, dass es sich bei der Ausstattung der Lutherstube nicht um eine authentische Lutherstätte handelt, sondern um einen absichtsvoll gestalteten Luthergedenkort (Material 2a). Darüber hinaus können sich die Schülerinnen und Schüler zu der Frage positionieren, welchen Umgang sie mit der musealen Erinnerung an Luthers Wartburgaufenthalt für angemessen halten (Material 2b).

15 Volker Leppin, Dreifaches Gedächtnis. Elisabeth, Luther, Burschenschaften – die Wartburg als deutscher Erinnerungsort, in: ThZ 4/63 (2007), 310–330.

16 Zur Gestaltung der Lutherstube als musealer Gedenkort vgl. Martin Steffens, Luthergedenkstätten im 19. Jahrhundert. Memoria – Repräsentation – Denkmalpflege, Regensburg 2008, 165–235.

Material 3: Hat Luther als erster Deutscher die Bibel auf der Wartburg übersetzt?

Der Kinofilm *Luther* unter der Regie von Eric Till (2003) war ein Erfolg an den deutschen Kinokassen.[17] Der Film weicht an mehreren Stellen bewusst von der historischen Grundlage ab. Besonders auffällig ist die Szene, in der Luthers Leistungen für die Bibelübersetzung gewürdigt werden: Luther übergibt Friedrich dem Weisen persönlich sein Neues Testament, das augenscheinlich von Größe und Umfang den Eindruck erwecken soll, es wäre „seine" Bibel. Vieles an der Szenerie stimmt nicht mit den historischen Tatsachen überein. So entspricht schon die Konzentration auf den reformfreudigen „jungen" Luther populären Bedürfnissen. Zu diesem Zeitpunkt, 1530, waren die Bibelübersetzungen durch ihn und die Revisionen durch den Wittenberger Gelehrtenkreis noch nicht abgeschlossen. Ferner ist Luther seinem 1525 verstorbenen Kurfürsten nie persönlich begegnet. Mit der Analyse der Filmszene können Lernende Fähigkeiten zur Dekonstruktion historischer Filme erwerben. Diese Perspektive zielt auf die Erkenntnis, dass diese Schlüsselszene bewusst von historischen Bezügen abweicht, um ein interessengeleitetes Lutherbild zu transportieren.

Material 4: „Gesetz und Evangelium" – Luthers reformatorische Entdeckung

Luthers intensive Beschäftigung mit der Bibel führte zu seiner reformatorischen Entdeckung von „Gesetz und Evangelium" in dem einen Wort Gottes. Die Werkstatt von Lucas Cranach d. Ä. hat diese lutherische Kernbotschaft populär ins Bild gesetzt. Eine Analyse des Predigtbildes auf dem Titel der Lutherbibel von 1541 (Wittenberg, Hans Lufft) eröffnet Lernenden einen Zugang zum reformatorischen Bibelverständnis und zu zentralen Aussagen lutherischer Theologie (Material 4a).

Die Bergpredigt Jesu (Mt 5–7) kennt beide Aspekte von „Gesetz und Evangelium". Auf der Grundlage einer Abbildung eines Ausschnittes der Bergpredigt in der Wittenberger Lutherbibel von 1543 (Material 4b) sollen Schülerinnen und Schüler nachvollziehen können, welche Motive Georg Rörer bei der Drucksetzung der Wittenberger Lutherbibel verfolgte, für die er verschiedene Schrifttypen für die Anfangsbuchstaben einzelner Bibelverse verwenden ließ. Großbuchstaben in Frakturschrift verwiesen auf die tröstende Botschaft des Evangeliums und der Gnade Gottes. Versanfänge in der Schriftart Antiqua hoben dagegen biblische Aussagen über das Gesetz Gottes hervor, dessen Unerfüllbarkeit die Entfernung des Menschen von Gott aufdecken sollte.

Material 5: Die Wittenberger Bibel als Teamarbeit

Zu Luthers Monumentalisierung nach dessen Tod 1546 als „Mann Gottes" gehörte, dass die Wittenberger Bibel als das wichtigste Erbe verstanden wurde, das er der Nachwelt hinterlassen hatte. Allein der Verdacht, dass seine Bibelübersetzung durch andere Hände verändert oder ergänzt worden war, galt als schwerer Makel, der als eine Verfälschung oder Verdunkelung des Evangeliums verstanden wurde. Dieser konservatorische Umgang mit der „Lutherbibel" hatte zur Folge, dass die Leistung der Bibelübersetzung allein Luther zugeschrieben wurde und andere Wittenberger Gelehrte bewusst in den Hintergrund gedrängt wurden, die aufgrund ihrer Kenntnisse und Fähigkeiten seit 1522 an der deutschen Bibelübersetzung bis zu Luthers Tod maßgeblich beteiligt waren. Außer Philipp

17 Eine detailreiche religionspädagogische Analyse des Films mit weiterführenden Literaturangaben bietet: Steffen Merklein, Der Luther-Film, (2003), www.rpi-loccum.de/material/medienpaedagogik/maluth (Zugriff 16.02.2015).

Melanchthon sind die Namen der beteiligten Theologen und Philologen der Wittenberger Universität und ihre Leistung für die Wittenberger Bibel im öffentlichen Gedächtnis nahezu vergessen. Hier seien sie nochmal genannt: Johannes Bugenhagen, Caspar Cruciger, Justus Jonas, Matthäus Aurogallus, Georg Rörer, Johann Forster, Bernhard Ziegler.

Als Quelle zur Beschäftigung mit diesem Thema bietet sich der anschauliche Bericht von Johannes Mathesius (1504–1565) über die Übersetzungs- und Revisionsarbeit der Wittenberger Bibel an (Material 5a). Mathesius schildert die meist wöchentlichen Gelehrtentreffen unter der Leitung Luthers in Wittenberg in den Jahren 1539–1541. Zweifellos unterstreicht er die Autorität Luthers in dieser Runde, doch Übersetzungsfragen werden in der Gruppe entsprechend der Expertise der Teilnehmer geklärt. Ziel war es allein, die theologische und sprachliche Qualität der deutschen Bibel stetig zu verbessern. Um diese Quelle nicht ihrer Aura eines historischen Dokuments zu berauben, sollte sie als Originaldruck von 1566 laut gelesen und mit knappen Texterläuterungen interpretiert werden. Abschließend kann die bildnerische Darstellung des Übersetzerkreises aus der Züllichauer Bibel 1741, die dem Bericht von Mathesius folgt (Material 5b), mit dem Wittenberger Luther-Denkmal von Johann Gottfried Schadow verglichen werden.

Material 6: Von Geschichten zur Geschichte. Mit „Luther und die Bibel" selbst Kirchengeschichte betreiben

Dieser Baustein zielt auf die Zusammenführung der in den vorangegangenen Materialien angeregten Beschäftigung mit Martin Luther und der Wittenberger Bibel. Die Lernenden sollen dabei ihre Kenntnisse aus der Beschäftigung mit dem historischen Quellenmaterial und ihr Wissen um Intentionen und Formen öffentlicher Erinnerung in wissenschaftsorientierte Erzählungen über Martin Luther und sein „Meisterwerk" überführen. Kirchengeschichte zu betreiben, bedeutet in diesem Zusammenhang, über die Vergangenheit aus kirchlich-theologischer Perspektive auf der Grundlage historisch-methodischer Quellenarbeit plausibel und verständlich erzählen zu können. Diese Erzählungen können Traditionen erklären, aber auch Bestehendes hinterfragen und ein Bewusstsein dafür entwickeln, dass gegenwärtige Zustände nur eine der unzähligen möglichen Folgen vergangener Entwicklungen darstellen. So verstanden ist die Förderung narrativer Kompetenz *das* Ziel des kirchengeschichtsdidaktischen Unterrichts. Als Impuls, diese Narrationen zu initiieren, sollen hier in Anlehnung an den Einstieg (vgl. Material 1) auf Bilder zurückgegriffen werden. Die Bilder werden nun nicht mehr mit individuellen Geschichten verbunden, sondern mit den Inhalten der didaktischen Beschäftigung mit Luther und der Wittenberger Bibel. Der fiktive Kontext der Schreibaufgabe zielt darauf, dass *erzählen* nicht im Sinne von *Geschichten erzählen*, sondern im Sinne einer wissenschaftsorientierten Darstellung verstanden wird. Die Auswertung der von den Lernenden angefertigten Erzählungen kann dabei die Erkenntnis fördern, dass es nicht die *eine Geschichte* über Luther und die Bibel gibt, sich aber alle individuell verschiedenen Darstellungen denselben Qualitätskriterien stellen müssen – nämlich dass sie durch historisch-methodisch abgesichertes Arbeiten gewonnen wurden.

M1a Eigene Erfahrungen mit Luther und der Bibel

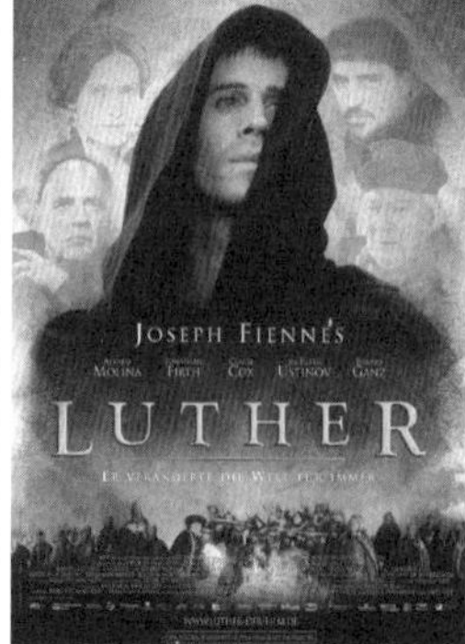

1. Wähle eines der Bilder aus, das dich an ein Erlebnis mit Martin Luther und der Lutherbibel erinnert. Berichte darüber.
2. Formuliere Eindrücke, die du dabei von Martin Luther gewonnen hast.
3. Überlege, was du bis jetzt über Martin Luther gehört, gelesen oder gesehen hast. Was hat dir dabei gut gefallen oder gibt es etwas, was dich an ihm stört?

Luther – Wartburg – Junker Jörg – Bibel – (D)ein BEGRIFFSNETZ M1b

Die Felder enthalten Begriffe, die sich alle auf Martin Luther und die Übersetzung der Bibel in die deutsche Sprache beziehen.

Martin Luther	Wittenberg	Rom	Eisleben	Philipp Melanchthon
Thesen	September-testament	Bibel	Veste Coburg	Ablasshandel
Tintenfleck	1546	1517	Neues Testament	Friedrich der Weise
Matthäus Aurogallus	Legende	Lutherstube	gerecht allein durch Gnade	Denkmal
Deutsche Sprache	Papsttum	Friedrich d. Weise	Teufel	Kurfürst
Evangelium	Reichstag	Georg Rörer	Griechisch	1483
1530	Meisterwerk	Bekenntnis	„dem Volk aufs Maul schauen"	Humanismus
Vorlesungen	Universität	1546	Übersetzung	1521–1522
Junker Jörg	Angst vor einem unbarmherzig richtenden Gott	Justus Jonas	Altes Testament	Buchdrucker
Wartburg	Kursachsen	Augsburg	Hebräisch	Römerbrief
Dolmetschen	Erinnerung	Vulgata	Luther-Film	Kirche

Für diese Aufgabe brauchst du eine freie Arbeitsfläche, eine Schere, einen Stift, ein leeres A4-Blatt und etwas Papierkleber. Lies dir zuerst die sechs Arbeitsschritte durch und bearbeite sie der Reihe nach.

1. Schneide die Begriffe aus. Breite alle Begriffe gut sichtbar auf deinem Arbeitsplatz aus.
2. Sortiere die Begriffe aus, die dir unbekannt sind oder die du nicht mit Luther und der Bibel in Verbindung bringst, und lege sie auf die Seite.
3. Ordne die Begriffe, die du mit Luther und der Lutherbibel verbindest, auf einem leeren Blatt so an, wie sie für dich zusammengehören (Bsp. Luther – Wartburg – Junker Jörg). Dann klebe die Begriffe auf.
4. Ziehe mit einem Stift Linien und Pfeile zwischen den Begriffen oder kreise die Begriffe ein, die für dich zusammengehören.
5. Markiere mit einer Farbe drei Begriffe auf deinem Begriffsnetz, die dich am meisten interessieren.
6. Schau dir am Ende noch einmal alle Begriffe an, die du am Anfang aussortiert hast. Wähle drei Begriffe aus, zu denen du im Unterricht gern mehr erfahren möchtest und klebe sie auf die Rückseite deines Begriffsnetzes.

M2a Die Lutherstube als Erinnerungsort

Bereits kurz nach Luthers Tod wurde die Lutherstube auf der Wartburg zu einem Pilgerort für Menschen, die Martin Luther verehrten. Dazu wurde der Raum mit Gegenständen ausgestattet, die den Besuchern einen wirklichkeitsnahen Eindruck des Raumes vermitteln sollten, in dem Luther die Bibel übersetzt hatte.

1. Informiere dich über Luthers Aufenthalt auf der Wartburg. Notiere dir dazu fünf Begriffe, die dein Begriffsnetz (**M1b**) erweitern. Begründe deine Auswahl.
2. Lies die Erklärungstexte zu der Geschichte der Objekte, die heute in der Lutherstube auf der Wartburg ausgestellt werden.
3. Notiere zu jedem Ausstellungstück eine mögliche Absicht, warum dieses Objekt einen Platz in der Lutherstube gefunden haben könnte.

Eine Bibel: Luther übersetzte in der Zeit von Dezember 1521 bis März 1522 auf der Wartburg Schriften des Neuen Testaments ins Deutsche. Als Ergebnis erschien 1522 sein „Septembertestament", das in kürzester Zeit auf dem Buchmarkt vergriffen war. Auf eine erste deutsche Lutherbibel mussten die Menschen noch 12 Jahre warten. Erst 1534 erschien die erste Lutherbibel.

Ein Porträt Luthers: Dieses berühmte Porträt Martin Luthers als Junker Jörg ist eine 1983 angefertigte Kopie des Gemäldes von Lucas Cranach d. Ä. von 1522.

Ein Stuhl: Dieser Holzstuhl wurde 1853 als „gotischer Drehstuhl" in Nürnberg erworben. Sein Design wurde im 19. Jahrhundert so populär, dass viele Nachbauten des Lutherstuhls in bürgerlichen Wohnungen als schickes Sitzmöbel dienten.

Ein Schreibtisch: Der erste Schreibtisch der Lutherstube stammte aus dem 17. Jahrhundert. Viele Luther-Pilger schnitten sich als Andenken heimlich Späne ab, bis nur ein kleiner Rest der Tischplatte übrig war. Als Ersatz wurde in Möhra, dem Geburtsort von Luthers Vater, 1811 ein neuer Tisch gekauft, von dem man sagte, dass Luther an ihm gegessen haben soll.

Ein Kachelofen: Der aus dem 17. Jahrhundert stammende Kachelofen wurde erst Ende 1846 in das Zimmer eingebaut.

Ein Walknochen als Sitzschemel: Dieses außergewöhnliche Möbelstück wird erstmals auf einer Inventarliste der Lutherstube 1696 aufgeführt. Luther hat auf diesem Hocker wohl nicht gesessen oder ihn als Fußschemel gebraucht.

Eine Wand mit beschädigtem Putz: An dieser Stelle wurde um 1672 ein Tintenfleck angebracht, weil eine Äußerung Luthers (bewusst) missverstanden wurde, dass er bei seinen Übersetzungsarbeiten mit dem Teufel gekämpft hätte. Der Fleck musste immer wieder erneuert werden. Souvenirjäger kratzten die Tinte immer wieder ab. So trug die Zimmerwand bleibende Schäden davon.

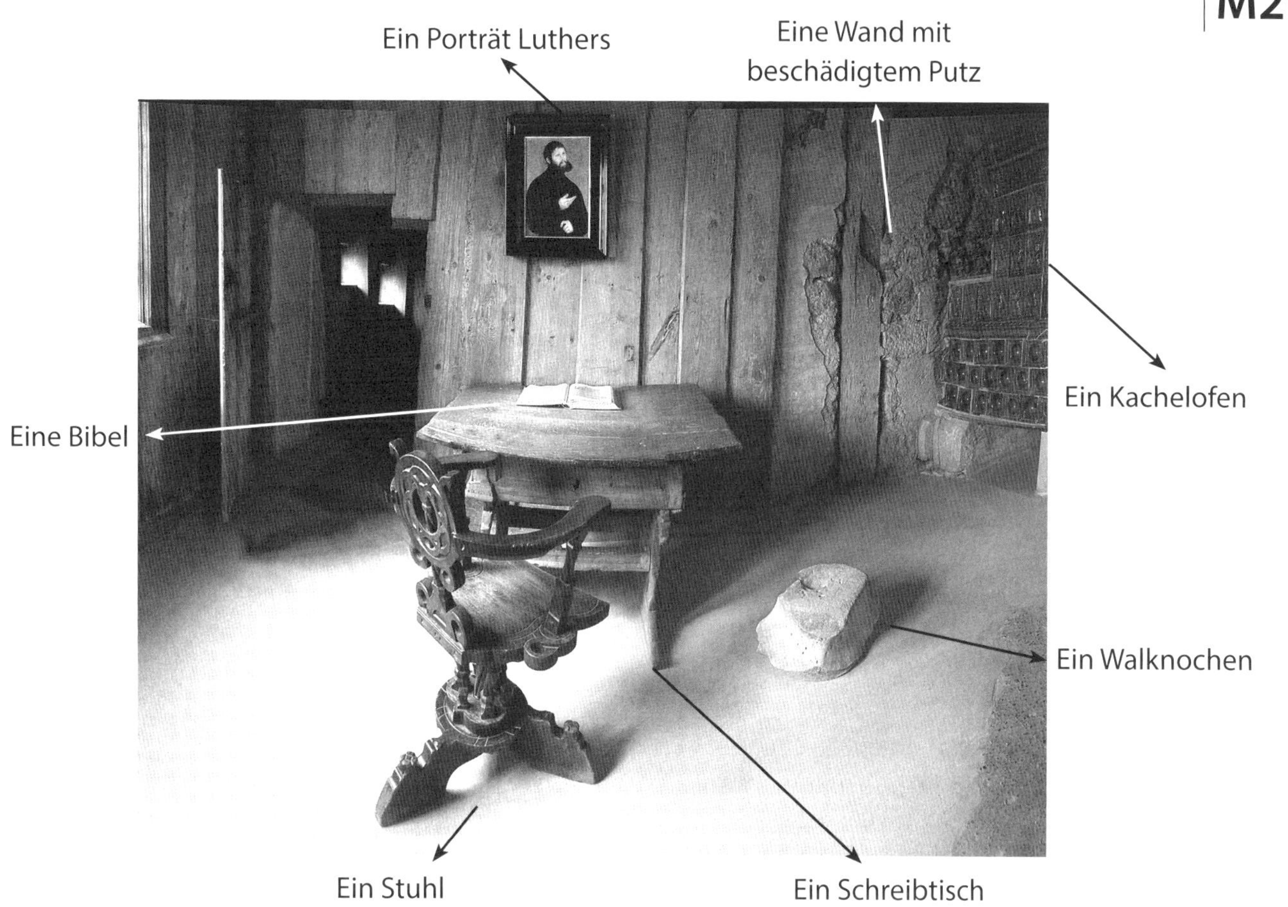

Luthererinnerung des 19. Jh. auf den Müll?

Folgender Eintrag findet sich im Besucherbuch der Wartburg:

Sehr geehrte Damen und Herren, die Lutherstube ist für Menschen, die sich wirklich für Geschichte interessieren, eine unfassbare Zumutung! Meine Suche nach historischen Wahrheiten über Luther und seiner Bibelübersetzung wurde hier bitter enttäuscht. Alle Objekte des Raumes haben nichts, aber auch gar nichts mit Luther zu tun! Schmeißen Sie den ganzen Plunder aus dem 19. Jahrhundert einfach auf den Müll! Die historische Bibel kann ins Museum. Nur der leere Raum mit kahlen Wänden ist authentisch. Wenn Sie unbedingt etwas ausstellen wollen, dann wäre nur ein Druck des „Septembertestaments" denkbar.

Verfasse eine Antwort oder einen eigenen Eintrag in das Besucherbuch der Wartburg.

M3 Hat Luther als erster Deutscher die Bibel übersetzt?

Seit die Bilder laufen lernten, wurde das Leben Martin Luthers immer wieder neu verfilmt. Seit über 100 Jahren wurden mehr als 15 Lutherfilme produziert, die jeweils für ihre Zeit ein typisches Bild Martin Luthers auf die Leinwand brachten. Anders als Dokumentationen erheben Spielfilme nicht den Anspruch einer historisch genauen Verfilmung. Auch der Film *Luther* von Eric Till (2003) setzt andere Schwerpunkte. Zur Analyse der Schlüsselszene zu Luther und der Bibel in diesem Film sind folgende historische Informationen wichtig:

- Luther und Friedrich der Weise sind sich persönlich nie begegnet.
- Die erste Lutherbibel wurde erst 1534 gedruckt. Zu diesem Zeitpunkt war Friedrich der Weise bereits seit neun Jahren tot.
- Martin Luther nutzte bei den Übersetzungen der Schriften des Alten und Neuen Testaments auch die Hilfe von anderen Gelehrten in Wittenberg. Besonders Philipp Melanchthon (1497–1560) brachte seine hervorragenden Kenntnisse der griechischen und Matthäus Aurogallus (1490–1543) der hebräischen Sprache mit ein.

Im Film trifft Martin Luther (gespielt von Joseph Fiennes) auf den sächsischen Kurfürsten Friedrich den Weisen (gespielt von Sir Peter Ustinov), Timecode: 1:35:07–1:37:05.

1. Beschreibe, wie Sir Peter Ustinov und Joseph Fiennes dieses Treffen spielen.
2. Erkläre anhand der historischen Informationen, inwieweit die Szene von historischen Fakten abweicht.
3. Formuliere Gründe, die den Regisseur veranlasst haben könnten, diese Begegnung entgegen historischen Erkenntnissen zu inszenieren.
4. Diskutiere, ob Spielfilme über historische Personen und Ereignisse sich immer streng an historischen Quellen orientieren müssen.
5. Folgende Situation ereignet sich am Ende einer Religionsstunde: Die Schüler bitten ihren Lehrer, ihnen in der letzten Stunde vor den Ferien als Belohnung einen Lutherfilm zu zeigen. Der Lehrer lehnt den Wunsch ab und sagt: „In diesem Film gibt es viele Szenen, die völlig frei erfunden sind. Da kann man nichts über den historischen Luther lernen!" Sammelt Argumente, die dem Lehrer klarmachen, was man mit diesem Film dennoch lernen kann.

Die Lutherbibel: Gottes Wort als „Gesetz und Evangelium“

Dieses Titelbild der Wittenberger Bibel von 1541 haben Lucas Cranach d. Ä. und seine Werkstatt zum Thema „Gesetz und Evangelium“ gestaltet. Damit haben sie Luthers Bibelverständnis ins Bild gesetzt.

1. Beschreibe Unterschiede zwischen beiden Bildhälften.
2. Nenne biblische Geschichten, die du auf dem Bild erkennst. Ordne dem Bild folgende Bibelstellen zu: Röm 1,17; Lk 1,26–38; Ex 20; Joh 3,14; Lk 2,8–14; Gen 3; Joh 19,28–35; Num 21,4–9; Mt 25,31–46; 2. Tim 1,10, Joh 1,29; Jes 7,14.
3. Beschreibe, welche Aussagen die biblischen Geschichten über Gott auf der Seite des „Gesetzes“ treffen.
4. Benenne Unterschiede zu Aussagen der biblischen Geschichten über Gott auf der Seite des „Evangeliums“.
5. Ein Schüler sagt im Unterricht: „Bei der Seite des ‚Gesetzes‘ ist allein das Alte Testament gemeint. Die Seite des ‚Evangeliums‘ ist allein dem Neuen Testament vorbehalten. Damit ist klar, das Neue Testament ist dem Alten Testament überlegen, weil es in ihm keinen Trost gibt.“ Schau dir das Bild nochmal genau an und beziehe zu dieser Aussage Stellung.
6. Diskutiere, ob ein Titelbild für eine Bibel auf die linke Seite des „Gesetzes Gottes“ verzichten kann.

M4b „Gesetz und Evangelium" in der Lutherbibel 1543

M4b

Die Abbildung zeigt eine Doppelseite der Wittenberger Bibel von 1543. Aufgeschlagen ist die Bergpredigt (Mt 5,17–6,27). Der Sekretär von Martin Luther, Georg Rörer (1492–1557), hatte die Drucker angewiesen, für die Anfangsbuchstaben der einzelnen Bibelverse die zwei verschiedenen Druckschriften Fraktur und Antiqua zu verwenden. Anhand der Schrifttypen wird deutlich, dass sich beide Schriften klar auf den ersten Blick voneinander unterscheiden.

1. Schlage in einer aktuellen Lutherbibel die Textstellen nach und vergleiche die einzelnen Verse mit den Druckseiten. Erkläre, ob für die tröstenden Bibelverse, die von einem gnädigen Gott erzählen („Evangelium"), die Drucker die Antiqua-Schrift oder die Frakturschrift eingesetzt haben.
2. Formuliere die Absicht, die Georg Rörer mit diesen Schrifttypenwechseln bei den Lesern der Wittenberger Bibel erreichen wollte.
3. Heutige Bibeln heben im Druckbild einzelne Verse meist durch Fettdruck vom übrigen Text ab. Erkläre, welche Absicht diese Hervorhebungen verfolgen.
4. Benenne Bibelstellen, die du im Druck einer Bibel besonders hervorheben würdest. Begründe deine Auswahl.

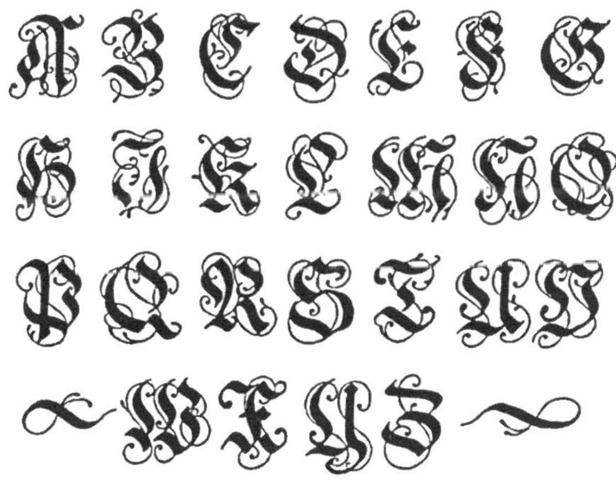

Großbuchstaben in Fraktur-Schrift

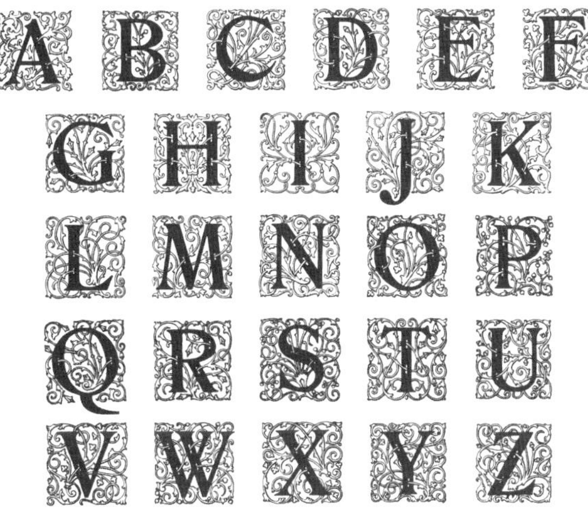

Großbuchstaben in Antiqua-Schrift

M5a Die Wittenberger Bibel als Teamarbeit (I)

Die folgenden zwei Seiten sind ein Ausschnitt aus einer Predigt des Pfarrers Johannes Mathesius (1504–1565). Mathesius kannte Luther und den Kreis der Wittenberger Reformatoren gut. In

Die XII. predig/ von der Historien

Latein gearbeyt. Sehr willkommen war diß buch den frommen Deutschen/ wie jr vber vil hundert tausent inn Deutscher sprach sollen gedruckt sein/ ob es wol dem Teufel vnd seinen helffern sehr wehe thete.

Hernachmals da vil andere gelerte/ Mosen vnd die Propheten in Schulen außzulegen/ vnd auff der Cantzel zu predigen fürnamen/ kam man auch ans alte Testament. 1529. gieng erstlich der Prophet Esaias auß zu Wittenberg/ wiewol zuuor all Propheten zu Wormbs/ darbey Juden gewesen/ wie Doctor meldet inn seinem buch von der dolmetschung. Da D. Luther zu Coburg in seinem Pathmo lag/ arbeytet er am Propheten Ezechiele/ wie in seinen briefen zu sehen.

Als nun erstlich die gantze deutsche Bibel außgangen war/ vnd ein tag leret jmmer neben der anfechtung den andern/ nimmet Doctor die Biblien von anfang wider für sich/ mit grossem ernst/ fleyß vnnd gebete/ vnnd vbersihet sie durchauß/ vnnd weyl sich der Sone Gottes versprochen hatte/ er wölle darbey sein/ wo jr etlich inn seinem namen zusammen kommen/ vnd vmb seinen geyst bitten/ verordnet D. Luther gleich ein eygen Sanhedrim/ von den besten leuten/ so desmals verhanden/ welche wöchlich etlich stunden vor dem abendessen/ inn Doctors Kloster zusamen kamen/ nemlich/ D. Johan Bugenhagen/ D. Justum Jonam/ D. Creutziger/ Magister Philippum/ Mattheum Aurogallum/ darbey M. Georg Rörer der Corrector auch war/ offtmals kamen fremdbe Doctorn vnd gelerte zu disem hohen werck/ als Doctor Bernhard Ziegler/ D. Forstemius.

Wenn nun Doctor zuuor die außgangen Bibel vbersehen/ vnd darneben bey Juden vnnd frembden sprachkündigen sich erlernet/ vnd sich bey alten Deutschen von guten worten erfragt hatte/ Wie er jhm etlich Schöps

abstechen

Wittenberg erlebte Mathesius, wie die deutsche Bibel unter der Leitung von Martin Luther entstand und der Text ständig verbessert wurde. Darüber ist in seiner Predigt (um 1562) dieser Bericht enthalten.

des Herrn D. Mar. Luth. CLXI

abstechen ließ/damit jn ein Deutscher Fleischer berichtet/ wie man ein jedes am Schaf nennete/Kam Doctor inn das Consistorium/mit seiner alten Lateinischen vn̄ newen Deutschen Biblien / darbey er auch stettigs den Hebreischen text hatte / Herr Philippus bracht mit sich den Greckischen text/ Doctor Creutziger neben dem Hebreischen/ die Chaldeische Bibel / Die Professores hatten bey sich jre Rabinen / D. Pommer het auch ein Lateinischen text für sich / darinn er sehr wol bekant war / Zuuor hat sich ein jeder auff den text gerüst/dauon man rathschlagen solte/Greckische vnnd Lateinische / neben den Jüdischen außlegern vbersehen. Darauff proponirt diser President ein text/vnd ließ die stim̄ herumb gehen/vnd höret was ein jeder darzu zu reden hette/nach eygenschafft der sprache/oder nach der alten Doctorn außlegung.

Wunder schöne vnnd lehrhafftige reden / sollen bey diser arbeyt gefallen sein/welcher M. Georg etliche auffgezeichnet / vnd die hernach als kleine glößlein vnd außlegung auff den rand zum text gedruckt sein.

Doctor gab drey Regel / drauff man gut achtung haben solte / Weyl die Biblia ein buch Gottes were/ das er durch seines geystes antreybung / von Propheten vnd Aposteln hete auffschreiben lassen / die den Son Gottes selber/vor vnnd nach der menschwerdung sichtigklich gesehen vnd gehört hatten / das sich one hertzlich geber diser arbeyt niemands vnterwünde / Denn Gottes wort müste durch Gottes geyst erklert werden / wie er auch in seinem brieff von der dolmetschung schreibet : Es gehöre zu diser arbeyt ein recht from̄/trew / fleissig/forchtsam/ Christlich/ gelert/ erfaren vnnd geübet hertz/darzu gute vnnd kirnige wort/wenn man die Bibel recht vnnd verstendig geben wölle.

Nun rede die Bibel fürnemlich von Gottes wesen

S[illegible] vnd

M5a

Hintergrundinformationen:

- *Doctor:* Martin Luther
- *Sanhedrin:* von Synhedrion, dt. Versammlung / Rat
- *Im Text werden nacheinander folgende Namen genannt:* Johannes Bugenhagen, Justus Jonas, Caspar Cruciger, Philipp Melanchton, Matthäus Aurogallus, Georg Rörer, Bernhard Ziegler, Johann Forster
- *Schöps:* Schaf
- *Consistorium:* lat. Versammlungsort
- *Chaldeische Bibel:* Bibel in chaldäischer / aramäischer Sprache (Targum), die nicht alle Bücher des Alten Testaments umfasste
- *Rabbinen:* jüdische Auslegungen von einzelnen Schriften des Alten Testaments
- *Proponieren:* vorschlagen
- *Präsident:* Vorsitzender = Martin Luther
- *M. Georg:* Magister Georg Rörer
- *Glößlein:* Glossen = Randbemerkungen am Text

1. Lies den Bericht von Johannes Mathesius langsam und laut vor. Die Sprache des 16. Jahrhunderts wird uns durch lautes Lesen verständlicher. Unterstreiche alle Wörter und Begriffe, die du nicht verstehst. Versuche diese Worte mit Hilfe deines Nachbarn und den Hintergrundinformationen zu klären.
2. Formuliere einen Text, mit dem du den Bericht von Johannes Mathesius über die Entstehung der Wittenberger Bibel mit eigenen Worten nacherzählst.

* Wenn du mit dem Lesen des Originaltextes zu große Schwierigkeiten haben solltest, hast du die Möglichkeit deine Lehrerin oder deinen Lehrer nach der Transkription von Mathesius' Predigt zu fragen und damit weiterzuarbeiten.

** Transkript des Berichts von Johannes Mathesius → Downloadmaterial.

Die Wittenberger Bibel als Teamarbeit (II)

Martin Luther

Lebensdaten:

Beruf:

besondere Fähigkeiten für die Bibelübersetzung:

Philipp Melanchthon

Lebensdaten:

Beruf:

besondere Fähigkeiten für die Bibelübersetzung:

Johannes Bugenhagen

Lebensdaten:

Beruf:

besondere Fähigkeiten für die Bibelübersetzung:

Justus Jonas

Lebensdaten:

Beruf:

besondere Fähigkeiten für die Bibelübersetzung:

Caspar Cruciger

Lebensdaten:

Beruf:

besondere Fähigkeiten für die Bibelübersetzung:

Matthäus Aurogallus

Lebensdaten:

Beruf:

besondere Fähigkeiten für die Bibelübersetzung:

Bernhard Ziegler

Lebensdaten:

Beruf:

besondere Fähigkeiten für die Bibelübersetzung:

Johann Forster

Lebensdaten:

Beruf:

besondere Fähigkeiten für die Bibelübersetzung:

Georg Rörer

Lebensdaten:

Beruf:

besondere Fähigkeiten für die Bibelübersetzung:

1. Sammle zu je einem Gelehrten des Wittenberger Bibelkollegiums biografische Informationen. Diese Informationen sollen erklären, warum Martin Luther auf die Hilfe dieses Gelehrten bei der Bibelübersetzung nicht verzichten wollte. Fertige dazu einen kurzen Steckbrief zu der untersuchten Person an und stelle deinen biografischen Steckbrief vor.
2. Identifiziere die Gelehrten auf der Abbildung der Züllichauer Bibel von 1741, die den Bericht von Johann Mathesius illustriert, und ordne deinen Steckbrief dem abgebildeten Teilnehmer des Bibelkollegiums zu.

M5b

Lutherdenkmal auf dem Marktplatz in Wittenberg (1821)

Darstellung der Bibelübersetzung aus der Züllichauer Bibel (1741)

3. Vergleiche das Martin Luther-Denkmal von Johann Gottfried Schadow in Wittenberg (errichtet 1821) mit dem Bild der Züllichauer Bibel (1741). Formuliere Unterschiede, wie an die Entstehung der Wittenberger Bibel erinnert wird.
4. Diskutiere, wie du heute an Martin Luther und die deutsche Bibel erinnern würdest.

Das Newe Testament Deutzsch.

Wittemberg.

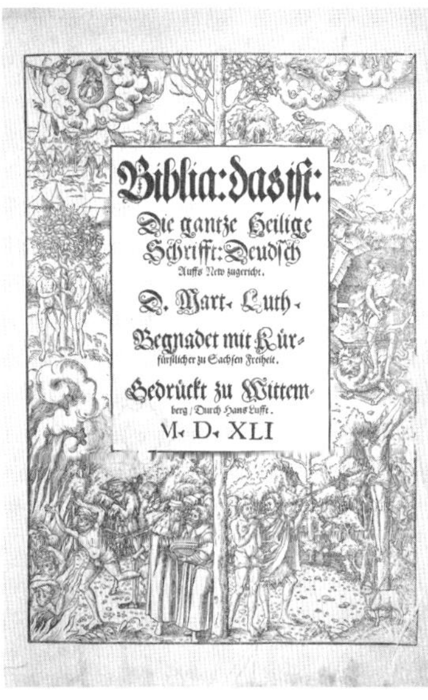

Biblia: das ist:
Die gantze Heilige
Schrifft: Deudsch
Auffs New zugericht.
D. Mart. Luth.
Begnadet mit Kür-
fürstlicher zu Sachsen Freiheit.
Gedrückt zu Wittem-
berg / Durch Hans Lufft.
M. D. XLI

M6

1. Betrachte die einzelnen Bilder auf dem Arbeitsblatt. Formuliere ein oder zwei Stichworte zu jedem Bild. Überlege, welche Absicht hinter der Anordnung der einzelnen Bilder steht. Hältst du eine andere Anordnung für sinnvoller? Begründe deine Antwort.
2. Für junge Besucher der Wartburg soll ein neuer Museumsführer entworfen werden. Der Museumsführer soll als Zielgruppe Kinder von sechs bis zehn Jahren ansprechen. Für diesen Museumsführer sollst du einen Darstellungstext unter dem Titel „Martin Luther und die deutsche Bibel" schreiben. Zur Illustration des Textes sollen die Bilder auf dem Arbeitsblatt verwendet werden.

Folgende Anforderungen werden an deinen Text gestellt:

a. Dein Text soll den Zeitraum von 1521 bis in die Gegenwart umfassen.
b. Dein Text soll zu jeder Abbildung mindestens eine Information enthalten.
c. Die Angaben in deinem Text müssen historisch richtig sein.
d. Dein Text soll nicht länger als 15 Sätze (etwa 300 Wörter) sein.

3. Lies mindestens drei verschiedene Texte deiner Mitschüler, die sie für den Museumsführer entworfen haben. Gib ihnen eine Rückmeldung, was dir an ihren Texten gut und was dir weniger gut gefallen hat. Formuliere ausgehend von deinen Beobachtungen mindestens drei Kriterien, die einen guten Museumsführer ausmachen.

Museumsführer

Martin Luther und die deutsche Bibel

Baustein 2

Die Lutherbibel in aller Munde. Oder: Luthers Sprachschöpfungen und unsere Bildsprache heute

Ulrike Witten

1. Kirchen- und sprachgeschichtliche Einführung

Luthers Meisterwerk strahlt über die Theologie hinaus, denn die Bibelübersetzung hatte (und hat) einen großen Einfluss auf die Entwicklung des Deutschen. Dem Urteil des Kirchenhistorikers Albrecht Beutel zufolge gibt es niemanden, der sie nicht als eine überragende Kulturleistung anerkennt.[1] Sprachgeschichtlich und literarisch wurde Luthers Bibelübersetzung stilbildend. Bis heute haben sich seine Sprachbilder von „Denkzettel" und „Lückenbüßer" in unsere Alltagssprache eingeprägt, woran sich die Wirkmächtigkeit seiner Sprache sehr gut erkennen lässt.

Die Bibelübersetzung markiert sprachgeschichtlich den Übergang vom mittelalterlichen Mittelhochdeutsch zum Frühneuhochdeutschen, wobei in der jüngeren Forschung umstritten ist, inwiefern Luther tatsächlich Schöpfer der neuhochdeutschen Schriftsprache ist. Fest steht, dass durch die Verbreitung der Lutherbibel die vielfältige deutsche Dialektlandschaft geeint wurde, wobei die Lutherbibel im Oberdeutschen mit einem Glossar verbunden erscheinen musste, um verstanden zu werden. Während die Reformation die Kirchen spaltete, einte sie die in viele Dialekte zersplitterte deutsche Sprache.

Der Übersetzung kam zugute, dass Luther gleichsam zweisprachig aufgewachsen war, nämlich im niederdeutsch-mitteldeutschen Grenzgebiet. Er schloss sich der kursächsischen Kanzleisprache an, die genutzt wurde, um zumindest in diesem Bereich eine gewisse Einheitlichkeit herzustellen. Eine genormte überregionale Schriftsprache existierte noch nicht, sondern es konkurrierten verschiedene Schreibsprachen miteinander.[2]

Zentraler Quellentext für Luthers Übersetzungsarbeit ist der 1530 auf der Veste Coburg verfasste Sendbrief vom Dolmetschen.[3] Dieser Text bietet keine theoretische Reflexion über Luthers Dolmetschen, sondern stellt eine „polemisch zugespitzte Reaktion" auf seinen römisch-katholischen Gegenspieler Hieronymus Emser dar, in dem er seine Übersetzungsentscheidung in Röm 3,28 ausführlich erläutert.[4] Theologisch pointiert dolmetscht Luther „Arbitramur hominem iustificari ex fide" mit „Wir halten dafür, daß der Mensch gerecht werde *allein* durch den Glauben."

Daran wird sichbar, dass „dolmetschen" für Luther nicht bedeutete, Wort für Wort zu über-

1 Albrecht Beutel, Luthers Bibelübersetzung und die Folgen, in: Evangelische Theologie 59 (1999), 13–24, 13.

2 Vgl. Werner Besch, Luther und die deutsche Sprache. 500 Jahre deutsche Sprachgeschichte im Lichte der neueren Forschung, Berlin 2014. Ferner Beutel, Luthers Bibelübersetzung, 22.

3 WA 30; 2, 632.

4 Beutel, Luthers Bibelübersetzung, 16.

setzen, sondern deren Sinn zu erneuern. Sein Ziel, „rein und klar teutsch [zu] geben" hat ihn und sein Übersetzungsteam viel Kraft gekostet. Bis zu vier Wochen haben sie nach einem einzelnen Wort gesucht und bei der Hiob-Übersetzung sind nach seiner Auskunft in vier Tagen kaum drei Zeilen fertig geworden.[5]

Für seine Übersetzung verfolgte Luther das Ziel, der biblischen Vorlage und der Eigentümlichkeit der Muttersprache gleichermaßen gerecht werden.[6] Dies ist auch das entscheidende Novum bei Luthers Übersetzungsarbeit: Andere haben vor und neben ihm die Bibel übersetzt, aber das sinngemäße Dolmetschen, das der Zielsprache gerecht wird, ist ihnen nicht im selben Maße gelungen.

Nicht nur theologisch und sprachgeschichtlich, sondern auch literarisch und künstlerisch wirkte und wirkt Luthers Sprache stilbildend, wie viele Texte, Lieder und Kunstwerke bezeugen können. Sie eröffnen damit die Möglichkeit, dass Lernende die kirchen- und sprachgeschichtliche Bedeutung von Luthers Übersetzung entdecken können. Der Generaldirektor der Stiftung Preußische Schlösser und Gärten Berlin-Brandenburg, Hartmut Dorgerloh, schildert in diesem Zusammenhang jedoch das Problem, dass immer häufiger junge Menschen zu ihm kommen, die „mich fragen, warum auf so vielen Bildern eine Frau mit einem Kind abgebildet ist. [...] Andere fragten nach der ‚Tafelrunde mit dreizehn Männern, die Kleider tragen'".[7] Das Beispiel zeigt, dass biblisches Grundwissen und seine Dekodierung innerhalb von Werken der Kulturgeschichte nicht mehr als Voraussetzung des Religionsunterrichts gesehen werden kann.

Das gilt auch für die sprachlichen Bilder, die Martin Luther dolmetschend in der Bibel geschaffen hat. Allerdings sind die Sprachbilder oft so alltäglich, dass ihr jüdisch-christlicher Ursprung nur noch ausgewiesenen Expertinnen und Experten bekannt sein dürfte. Hierin liegt eine große Chance zur Begegnung mit den Texten und ihrer Rezeptionsgeschichte. Empirische Ergebnisse legen zudem nahe, dass Heranwachsende das Thema *Martin Luther* durchaus interessant finden und die historische Figur positiv erinnern.[8] Luther wird als Mensch, der sich für seine Mitmenschen eingesetzt hat, wahrgenommen, u.a. weil er durch seine Bibelübersetzung anderen Menschen ermöglicht hat, zum eigenen Glauben zu finden. Bedeutung innerhalb der eigenen Lebenswelt besitzt Martin Luther für die befragten Jugendlichen allerdings kaum oder gar nicht. Die Bibelübersetzung gehört zum Kernbestand des Sachwissens der Jugendlichen über Luther. Dass trotz der vorhandenen Kenntnisse keine Bezüge zur eigenen Lebenswelt hergestellt werden, stellt eine Problemanzeige dar, die durch den folgenden Unterrichtsentwurf angegangen werden soll.

2. Literaturhinweise

Anmut und Sprachgewalt. Zur Zukunft der Lutherbibel. Beiträge der Jenaer Tagung 2012, hrsg. von Corinna Dahlgrün und Jens Haustein, Stuttgart 2013.

Besch, Werner: Luther und die deutsche Sprache. 500 Jahre deutsche Sprachgeschichte im Lichte der neueren Forschung, Berlin 2014.

Beutel, Albrecht: Luthers Bibelübersetzung und die Folgen, in: Evangelische Theologie 59 (1999), 13–24.

5 WA 30; 2, 632.

6 Beutel, Luthers Bibelübersetzung, 17.

7 Dankwart Guratzsch, Wer ist die Frau mit dem Kind auf dem Arm?, in: Die Welt 14. Februar 2008 (www.welt.de, Zugriff 10.02.2015).

8 Vgl. Sabine Blaszcyk, Martin Luther – ein Bild von einem Mann. Meinungsauserungen von Jugendlichen aus Sachsen-Anhalt zu Martin Luther, in: Rainer Rausch (Hg.), Martin Luther – ein Bild von einem Mann. Meinungsbilder von Jugendlichen aus Sachsen-Anhalt. Eine wissenschaftliche Studie und deren religionspadagogische Impulse fur die Praxis, Hannover (erscheint 2015).

„Was Dolmetschen für Kunst und Arbeit sei“. Die Lutherbibel und andere deutsche Bibelübersetzungen. Beiträge der Rostocker Konferenz 2013, hrsg. von Melanie Lange und Martin Rösel, Leipzig 2014.

Werner, Eberhard: Von Worten zum „Wort“. Einblicke in die Arbeit der Bibelübersetzung, in: Bibel erzählen, hrsg. von Monika E. Fuchs und Dirk Schliephake, Neukirchen-Vluyn 2014.

3. Didaktisch-methodischer Kommentar

Material 1: „Wenn ein Mensch lebt“

Als affektiver Einstieg zum Thema dient das Lied *Wenn ein Mensch lebt*, das die Puhdys 1973 eingespielt haben und das 2011 von Clueso neu interpretiert wurde.[9] Nach einem erstmaligen Hören schließt sich ein zweites Hören zur Texterschließung an. Dazu wird den Schülerinnen und Schülern das gefaltete M1 ausgegeben. Sie unterstreichen die Textstellen, die sie als besonders berührend wahrnehmen. Darüber kann in Partnerarbeit oder im Unterrichtsgespräch ein kurzer Austausch stattfinden. Es schließt sich ein kurzer Lehrervortrag mit Hintergrundinformationen zum Lied an.[10] Anschließend klappen die Lernenden das Arbeitsblatt auf und vergleichen die biblischen Ursprünge des Textes.

Material 2: Luthers Sprachschöpfungen

Im nächsten Schritt begeben sich die Schülerinnen und Schüler auf die Suche nach Redewendungen und Sprachschöpfungen Luthers in ihrer Alltagssprache. Dazu überlegen sie für bekannte Redewendungen (M2, ggf. als Folie), ob sie diese kennen. Dies kann als Hausaufgabe erweitert werden, wenn sie klären, ob die Familie oder andere Personen aus dem Bekanntenkreis die Redewendungen kennen und was sie bedeuten. Die Ergebnisse werden in Partnerarbeit untereinander verglichen.

Material 3: „In aller Munde“ – Biblisch oder nichtbiblisch?

Die Lernenden stellen arbeitsteilig (Gruppe I, II und III) Vermutungen über die Herkunft der Redewendungen an und recherchieren die biblischen Fundstellen. Hierbei ist es notwendig, auf die verschiedenen Lutherbibeln (Luther 1545, Luther 1912 und Luther 1984, zu finden unter www.bibel-online.net sowie www.die-bibel.de) zurückzugreifen, da z. B. der „Denkzettel“ aus Mt 23,5 in der letzten Revision durch „Gebetsriemen“ ersetzt wurde. An einem Beispiel soll der biblische Kontext anschließend intensiver untersucht und erläutert werden. Es empfiehlt sich, dazu das Portal bzw. die App www.basisbibel.de zu nutzen. Im anschließenden Plenum tauschen die Gruppen ihre Beobachtungen und Einsichten aus.

Material 4: Luther über die Schwierigkeit des Dolmetschens

Die Quellensammlung lässt eine möglichst originale Begegnung mit Luthers Denken einschließlich seiner Polemik zu. Diese Begegnung ist die Voraussetzung, um Luther zeithistorisch zu ver-

9 Das Lied ist als Video leicht im Internet zu finden (z. B. unter www.youtube.com).

10 Entstehungskontext: Durchbruch der Puhdys mit dem Soundtrack zum sehr erfolgreichen Film *Die Legende von Paul und Paula* in der DDR nach dem Drehbuch von Ulrich Plenzdorf, 1973, vgl. Matthias Tischer, Wenn ein Mensch lebt (Die Puhdys), in: Songlexikon. Encyclopedia of Songs. Ed. by Michael Fischer, Fernand Hörner and Christofer Jost, www.songlexikon.de/songs/wenneinmensch (Zugriff 09.02.2015).

orten, wozu auch gehört, das Fremde an dieser Zeit wahrzunehmen, um nicht zu falschen Aktualisierungen oder einem quasi starren überzeitlichen Martin Luther zu kommen. Das Sperrige und Polemische ist in den Quellen erhalten. Umfang und Gestalt der Quelle wurden beibehalten. Insbesondere am Beispiel von Psalm 63,6 wird das Problem des Dolmetschens deutlich. Durch einen Übersetzungsvergleich werden die sprachlichen Freiheiten, die Luther sich nimmt, um den ursprünglichen Sinn im Deutschen wiederzugeben, einsichtig.

Material 5: Luthers Überlegungen zum Übersetzen

Um die Quelle zu verstehen, sollte sie inszeniert werden. Der Sendbrief als „Offener Brief", der als Flugblatt schnell öffentliche Verbreitung fand, wird als solcher durch lautes Lesen im Stil einer Rede vorgetragen, um dem „Sitz im Leben" der Quelle gerecht zu werden. Nachdem in Einzelarbeit Unklarheiten im Text markiert wurden, werden diese im Gespräch geklärt. In der Quelle finden sich zwei inhaltliche Schwerpunkte, die unterschiedlich farbig zu kennzeichnen sind. Dass Luther seine Gegner, die „Papisten", als Esel, die „ycka ycka" machen und sein Dolmetschen weder im selben Maße leisten noch es verstehen können, diffamiert, sollte von den Schülerinnen und Schülern erschlossen werden, um dies problematisieren zu können. Aus den gelb unterstrichenen Äußerungen zum Übersetzen formulieren sie anschließend zwei Regeln für Luthers Übersetzungsarbeit. Nach Albrecht Beutel[11] könnten diese lauten: Den Sinn des ursprachlichen Textes in ein möglichst gutes, am allgemeinen Sprachgebrauch orientiertes Deutsch fassen (1. Regel). Wegen der Treue zum biblischen Wortlaut kann es geboten sein, nicht gefällig, sondern wörtlich zu übersetzen (2. Regel). Die Widersprüchlichkeit dieser Regeln wird im Gespräch problematisiert. Hier können Übersetzungserfahrungen, die die Lernenden aus dem Fremdsprachenunterricht oder aufgrund familiärer Zweisprachigkeit haben, einfließen.

11 Beutel: Luthers Bibelübersetzung, 18.

Material 6: Wem hat Luther „aufs Maul geschaut"? – Luthers Einfluss auf die Sprache

Dem Genre „Interview" entsprechend lesen die Schülerinnen und Schüler mit verteilten Rollen das Interview (arbeitsteilig in zwei Gruppen). Um die Sachinformationen herauszuarbeiten, sollen sie sich gegenseitig zentrale Aussagen des Interviews erklären und überlegen, welche Fragen offen geblieben sind. Die offenen Fragen werden im Unterrichtsgespräch für die Weiterarbeit an der Tafel gesammelt. Zur Sicherung verfassen die Lernenden einen Text, der das Interview ankündigt und den Inhalt kurz zusammenfasst. Für eine Rückmeldung zu den Ergebnissen kann die Originaleinleitung (als Erwartungsbild an die Schülerinnen und Schüler) genutzt werden.[12]

Material 7: Das Meisterwerk der deutschen Prosa

Ein Blick auf die Rezeptionsgeschichte zeigt die Wertschätzung, die Luthers Meisterwerk u. a. von Friedrich Nietzsche (1844–1900), Immanuel Kant (1724–1804) und Bertolt Brecht (1898–1956) entgegengebracht wurde. Die Lernenden erweitern ihre Argumentationsfähigkeit, indem sie darlegen, inwieweit die in den Zitaten zum Ausdruck gebrachte Wertschätzung der Bibel

12 Der Originaltext ist zu finden unter www.luther2017.de/22617/wem-hat-luther-aufs-maul-geschaut"-luthers-einfluss-auf-die-sprache (Zugriff 10.02.2015).

im Widerspruch zu deren Kirchen- und Religionskritik steht. Im Unterrichtsgespräch sollte die Lehrkraft die wichtigsten Aspekte von deren Kirchen- und Religionskritik kurz erläutern (*Nietzsche:* die Sklavenmoral des Christentums; *Kant:* Nichtbeweisbarkeit Gottes; *Brecht:* Das soziale und politische Versagen der Kirchen) und / oder Bezüge zu anderen Unterrichtseinheiten herstellen.

Material 8: Der Bibelkoffer

Die Schülerinnen und Schüler erweitern ihre Gestaltungskompetenz, indem sie selbst produktiv zur Bibel tätig werden. Dazu eignet sich die Gestaltung eines Bibel-Koffers, der verschiedene Sprachschätze (in symbolischer Form) enthält und die Geschichte des Meisterwerks nacherzählt. Sprachschätze, wie z. B. Ps 119,114 – der vor der Revision von 1984 lautete „Du bist mein Schirm und Schild; ich hoffe auf dein Wort.“ – können in Form von Alltagsgegenständen, Bildern aus der Kunstgeschichte, Liedern, Erklärungen dazu und verschiedenen Übersetzungen erkundet und gesammelt werden.

M1 „Wenn ein Mensch lebt"

Wenn ein Mensch kurze Zeit lebt,
sagt die Welt, dass er zu früh geht.
Wenn ein Mensch lange Zeit lebt,
sagt die Welt es ist Zeit.

Meine Freundin ist schön,
als ich aufstand, ist sie gegangen,
weck sie nicht, bis sie sich regt,
ich hab' mich in ihren Schatten gelegt.

Jegliches hat seine Zeit,
Steine sammeln, Steine zerstreuen,
Bäume pflanzen, Bäume abhauen,
leben und sterben und Streit.

Wenn ein Mensch kurze Zeit lebt,
sagt die Welt, dass er zu früh geht.
Wenn ein Mensch lange Zeit lebt,
sagt die Welt, es ist Zeit, dass er geht.

Meine Freundin ist schön,
als ich aufstand, ist sie gegangen,
weck sie nicht, bis sie sich regt,
ich hab' mich in ihren Schatten gelegt.

Lied: Wenn ein Mensch lebt
Interpret: Puhdys, 1973
Melodie: Peter Gotthardt
Text: Ulrich Plenzdorf

Siehe meine Freundin, du bist schön; schön bist du, deine Augen sind wie Taubenaugen.

Hoheslied 1,15

Ich beschwöre Euch, Ihr Töchter Jerusalems, bei den Gazellen oder bei den Hinden auf dem Felde, dass ihr meine Freundin nicht aufweckt noch regt, bis es ihr selbst gefällt.

Hoheslied 2,7

Ein jegliches hat seine Zeit,
und alles Vornehmen unter dem Himmel hat seine Stunde.
Geboren werden und sterben,
pflanzen und ausrotten, was gepflanzt ist,
würgen und heilen,
brechen und bauen,
weinen und lachen,
klagen und tanzen,
Steine zerstreuen und Steine sammeln,
herzen und ferne sein von Herzen,
suchen und verlieren,
behalten und wegwerfen,
zerreißen und zunähen,
schweigen und reden,
lieben und hassen,
Streit und Friede hat seine Zeit.

Kohelet 3,1

Aus der Lutherbibel

fressen und vollsaufen

Freundin

Tod im Topf

Alles hat seine Zeit

mit Lust leben

Wunderwerk

für sich selbst sprechen

Sintflut

schlecht und recht

Sprichwort

Wiedersehen

schwanger gehen

Bürgerrecht

Vertrauen auf ihn setzen

schüchtern

sich nichts sagen lassen

Liebesbeweis

widersprechen

Gottesdienst

klar und deutlich

klar machen

Raum geben

M3a „In aller Munde“ – Biblisch oder nichtbiblisch? (I)

Redewendung	*Kenne ich (ankreuzen)*	*Kenne ich nicht (ankreuzen)*	*Kommt aus der Bibel (Stellenangabe)*	*Kommt nicht aus der Bibel (ankreuzen)*
Mir stehen vor Schreck „die Haare zu Berge“				
Jemand ist „zur Salzsäule erstarrt“.				
„Denkzettel“				
nach „Treu und Glauben“ handeln				
dem „schnöden Mammon“ huldigen				
„Dorn im Auge“				
„ein Licht aufgehen“				
„Zeichen und Wunder“				
„alt und grau“				
„geistreich“				
„Landesvater“				

1. Kreuze an, ob du (oder jemand aus deiner Familie) die Redewendungen kennst. Vergleiche deine Einschätzung mit einem/r Mitschüler/in.
2. Recherchiere auf www.bibel-online.net und die-bibel.de in den verschiedenen Versionen der Lutherbibel und prüfe, ob die Redewendungen aus der Bibel stammen.
3. Wähle *eine* der biblischen Redewendungen und erkläre den Zusammenhang, in dem uns diese begegnet. Nutze dafür die Informationen, die du unter www.basisbibel.de finden kannst.

„In aller Munde" – Biblisch oder nichtbiblisch? (II) M3b

Redewendung	*Kenne ich (ankreuzen)*	*Kenne ich nicht (ankreuzen)*	*Kommt aus der Bibel (Stellenangabe)*	*Kommt nicht aus der Bibel (ankreuzen)*
„wetterwendisch"				
„Gewissensbisse"				
„gegen den Strom schwimmen"				
„Talent"				
„Perlen vor die Säue werfen"				
„Wer andern eine Grube gräbt, fällt selbst hinein."				
„Hiobsbotschaft"				
„Hände in Unschuld waschen"				
„Stückwerk"				
„Kleingläubige"				
„Kriegsknechte"				

1. Kreuze an, ob du (oder jemand aus deiner Familie) die Redewendungen kennst. Vergleiche deine Einschätzung mit einem/r Mitschüler/in.
2. Recherchiere auf www.bibel-online.net und die-bibel.de in den verschiedenen Versionen der Lutherbibel und prüfe, ob die Redewendungen aus der Bibel stammen.
3. Wähle *eine* der biblischen Redewendungen und erkläre den Zusammenhang, in dem uns diese begegnet. Nutze dafür die Informationen, die du unter www.basisbibel.de finden kannst.

M3c „In aller Munde“ – Biblisch oder nichtbiblisch? (III)

Redewendung	*Kenne ich (ankreuzen)*	*Kenne ich nicht (ankreuzen)*	*Kommt aus der Bibel (Stellenangabe)*	*Kommt nicht aus der Bibel (ankreuzen)*
„Langmut“				
„Lückenbüßer“				
„friedfertig“				
„Herzenslust“				
„Feuertaufe“				
„Lästermaul“				
„Lockvogel“				
„plappern“				
„nacheifern“				
„Feuereifer“				
„Sündenbock“				

1. Kreuze an, ob du (oder jemand aus deiner Familie) die Redewendungen kennst. Vergleiche deine Einschätzung mit einem/r Mitschüler/in.
2. Recherchiere auf www.bibel-online.net und die-bibel.de in den verschiedenen Versionen der Lutherbibel und prüfe, ob die Redewendungen aus der Bibel stammen.
3. Wähle *eine* der biblischen Redewendungen und erkläre den Zusammenhang, in dem uns diese begegnet. Nutze dafür die Informationen, die du unter www.basisbibel.de finden kannst.

Luther über die Schwierigkeit des Dolmetschens | M4

„Was für eine große und mühsame Aufgabe ist es, die hebräischen Schriftsteller zu zwingen, deutsch zu reden. Dem widersetzen sie sich, weil sie ihre hebräische Sprache nicht verlassen und das barbarische Deutsch nicht nachahmen wollen: Als wenn die Nachtigall gezwungen würde, mit ihrer einzigartig eleganten Melodie den Kuckuck nachzuahmen, dessen eintönige Stimme sie doch verachtet."

Brief aus dem Jahr 1528 von Martin Luther an Wenzeslaus Link (Ausschnitt)[1]

„Psalm [63,6] Da wir vorhin den worten nach also gedolmetscht haben: ‚Las meine seele vol werden wie mit schmaltz und fettem, das mein mund mit froelichen lippen rhueme', Weil solchs kein Deudscher verstehet, Haben wir lassen faren die Ebreischen wort (‚schmaltz und fett', damit sie freude bedeuten, gleich wie ein gesund, fett thier froelich, und widderumb ein froelich thier fett wird, Ein traurig thier abnimpt und mager wird, Und ein mager thier traurig ist) und haben klar Deudsch gegeben also: ‚Das were meines hertzen freude und wonne, wenn ich dich mit froelichem munde loben solte', Denn solchs ist doch Davids meinung, da er ausser der Stad bleiben und fur Saul fliehen muste, das er nicht sein kundte bey dem Gottes dienst, noch das […] froeliche Gottes wort hoeren, welchs alle betruebte hertzen troestet."

Summarien über die Psalmen, und ursachen des dolmetschens 1533[2]

1. Vergleiche verschiedene Übersetzungen des Psalms 63,6. Nutze dazu das Internet-Portal www.bibel-online.net oder www.die-bibel.de.
2. Erkläre anhand der verschiedenen Übersetzungen, was Luther mit dem Sprachbild von der Nachtigall und dem Kuckuck meint.
3. Schätze kritisch ein, ob es Luther in Psalm 63,6 gelungen ist, die Ziele seiner Übersetzungsarbeit umzusetzen.
4. Der Spiegel-Redakteur Uwe Klußmann schreibt über Martin Luthers Übersetzungsarbeit: „Luther wollte aus dem Alltagsdeutsch eine Literatursprache formen. Der Bibelübersetzer ließ sich von Handwerkern ihre Arbeit und ihre Instrumente erklären und sah einem Fleischer beim Schlachten eines Hammels zu, um die Geschichten der Bibel in einer Sprache griffiger Bilder erzählen zu können. Dabei war ihm bewusst, dass die Sprache Ausdruck der psychischen Wesensart eines Volkes ist."[3] Prüfe diese Aussage anhand der Quellen. Verfasse einen kritischen Beitrag als Internet-Kommentar zum Beitrag Klußmanns.

---

1 WA Briefwechsel, 4. Band, Briefe 1526–1528, 483. Übersetzung zitiert nach Luthers Schriften über die Juden. Theologische und politische Herausforderungen. Texte aus der VELKD. Nr. 168 – Dezember 2013, 8.

2 WA 38; 10 von 1533 (gekürzt, Ausschnitt).

3 Uwe Klußmann, Herzenslust und Feuertaufe, in: Der Spiegel Geschichte 6 (2014), 105, © SPIEGEL GESCHICHTE 6/2014, Seite 102–107.

M5 Luthers Überlegungen zum Übersetzen – ein Sendbrief

Zu Nuermberg am 15. Septembris. Anno 1530.[1]

mich jnn dieser sachen/die nicht allein vber die Sophisterey/sondern auch(wie S. Paulus sagt)vber aller welt weisheit vñ vernunfft ist/Zwar es dürfft ein Esel nicht viel singen/man kennet jhn sonst wol bey den oren.

Euch aber vnd den vnsern wil ich anzeigen/warumb ich das wort(Sola)hab wöllen brauchen/Wiewol Roma.iij.nicht Sola/sondern Solum odder tantum/von mir gebraucht ist/Also fein sehen die Esel meinen Text an/Aber doch hab ichs sonst anderswo/Sola fide gebraucht/vñ wil auch beide Solum vñ Sola habẽ/Jch hab mich des gevlissen jm dolmetschen/das ich rein vñ klar deudsch gebẽ möchte/Vnd ist vns wol offt begegenet/das wir .xiiij. tage/drey/vier wochen haben ein einiges wort gesucht vnd gefragt/habens dennoch zu weilen nicht funden/Jm Hiob arbeiten wir also/M. Philips/Aurogallus vnd ich/das wir jnn vier tagen/zu weilen kaum drey zeilen kundten fertigen. Lieber/nu es verdeudscht vnd bereit ist/kans ein jeder lesen vnd meistern/Leufft einer itzt mit den augen durch drey/odder vier bletter/vnd stösst nicht ein mal an/Wird aber nicht gewar/welche wacken vnd klötze da gelegen sind/da er itzt vber hin gehet/wie vber ein gehöffelt bret/da wir haben müst schwitzen vnd vns engsten/ehe denn wir solche wacken vnd klötze aus dem wege reumeten/auff das man künde so fein daher gehen. Es ist gut pflügen/wenn der acker gereinigt ist/Aber den wald vñ die stöcke ausrotten vnd den acker zurichten/da wil niemand an/Es ist bey der welt kein danck zu verdienen

B ij

Gnad und fride in Christo, Erber fursichtiger lieber Herr und freund, ich hab ewer schrifft entpfangen mit den zwo questionen odder fragen, darin yhr meines berichts begert. Erstlich warumb ich zun Roemern am dritten capitel, die wort S. Pauli ‚Arbitramur hominem iustificari ex fide absque operibus', also verdeutsch habe: ‚Wir halten, das der mensch gerecht werde on des gesetzs werck, allein durch den glauben', Und zeigt daneben an, wie die Papisten sich uber die massen vnnuetze machen, weil ym text Pauli nicht stehet das wort ‚Sola' (Allein) und sey solcher zusatz von mir […]

Zum andern muegt yhr sagen, das ich das Newe Testament verdeutscht habe, auff mein bestes vermuegen und auff mein gewissen, habe damit niemand gezwungen, das ers lese, sondern frey gelasen, und allein zu dienst gethan denen, die es nicht besser machen koennen, Jst niemandt verboten ein bessers zu machen. Wers nicht lesen wil, der las es ligen, ich bite und feyre niemandt drumb. Es ist mein testament und mein dolmetschung, und sol mein bleiben unnd sein. Hab ich drinnen etwa gefeilet (das mir doch nicht bewuest, und freilich ungern einen bůchstaben mütwilliglich wolt unrecht verdolmetschen) darueber wil ich die Papisten nicht zu richter leiden, denn sie haben noch zur zeit zu lange ohren dazu, und yhr ycka ycka [Geschrei des Esels] ist zu schwach, mein verdolmetschen zu urteilen, Jch weiß wol, und sie wissens weniger, denn des Mülners thier, was fur kunst, fleiß, vernunfft, verstandt zum gutten dolmetscher gehoeret, denn sie habens nicht versuecht. […]

Euch aber und den unsern wil ich anzeigen, warumb ich das wort ‚sola' hab woellen brauchen […]. Jch hab mich des geflissen ym dolmetzschen, das ich rein und klar teutsch geben moechte. Und ist uns wol offt begegnet, das wir viertzehen tage, drey, vier wochen haben ein einiges wort gesuecht und gefragt, habens dennoch zu weilen nicht funden. Jm Hiob erbeiten wir also, M. Philips [Philipp Melanchthon], Aurogallus [Matthäus Aurogallus] und ich, das wir yn vier tagen zu weilen kaum drey zeilen kundten fertigen. Lieber, nu es verdeutscht und bereit ist, kans ein yeder lesen und meistern, Laufft einer ytzt mit den augen durch drey, vier bletter und stost nicht ein mal an, wird aber nicht gewar, welche wacken5 und kloetze da gelegen sind, da er ytzt uber hin gehet, wie uber ein gehoffelt bret, da wir haben muessen schwitzen und uns engsten, ehe den wir solche wacken und klotze aus dem wege reümeten, auff das man kuendte so fein daher gehen. […]

Also habe ich hie Roma. 3. fast wol gewist, das ym Lateinischen und krigischen text das wort ‚solum' nicht stehet […] Dise vier buchstaben s o l a stehen nicht drinnen, welche buchstaben die Eselskoepff ansehen, wie die kue ein new thor Sehen aber nicht, das gleichwol die meinung des text ynn sich hat, und wo mans wil klar und gewaltiglich verteutschen, so gehoret es hinein […]

Jn disen reden allen, obs gleich die lateinische oder kriechische sprach nicht thut, so thuts doch die deutsche, und ist yhr art, das sie das wort ‚al-

1 Wenczeslaus Linck allen Christglaubigen, WA 30; 2, 632–643 (in Ausschnitten, gekürzt).

lein' hinzu setzt, auff das das wort ‚nicht' odder ‚kein' deste volliger und deutlicher sey. [...] hie [hilft]das wort ‚Allein' dem wort ‚kein' so viel, das es ein vollige Deutsche klare rede wird, den man mus nicht die buchstaben inn der lateinischen sprachen fragen, wie man sol Deutsch reden, wie diese esel thun, sondern, man mus die mutter jhm hause, die kinder auff der gassen, den gemeinen man auff dem marckt drumb fragen, und den selbigen auff das maul sehen, wie sie reden, und darnach dolmetzschen, so verstehen sie es den und mercken, das man Deutsch mit jn redet.

Als wenn Christus spricht: Ex abundantia cordis os loquitur. Wenn ich den Eseln sol folgen, die werden mir die buchstaben furlegen, und also dolmetzschen: Auß dem uberflus des hertzen redet der mund. Sage mir, Jst das deutsch geredt? Welcher deutscher verstehet solchs? Was ist uberflus des hertzen fur ein ding? Das kan kein deutscher sagen, [...] sondern also redet die můtter ym haus und der gemeine man: Wes das hertz vol ist, des gehet der mund uber, das heist gut deutsch geredt, des ich mich geflissen, und leider nicht allwege erreicht noch troffen habe [...].

Jtem da der Engel Mariam gruesset und spricht: Gegruesset seistu, Maria vol gnaden, der Herr mit dir? Wolan, so ists biß her, schlecht den lateinischen buchstaben nach verdeutschet, sage mit aber ob solchs auch gut deutsch sey? Wo redet der deutsch man also: du bist vol gnaden? Und welcher Deutscher verstehet, was gsagt sey, vol gnaden? Er mus dencken an ein vas vol bier, oder beutel vol geldes, darumb hab ichs vordeutscht: Du holdselige, da mit doch ein Deutscher, dester meher hin zu kan dencken, was der engel meinet mit seinem grus. [...]

Doch hab ich widerumb nicht allzu frey die buchstaben lassen faren, Sondern mit grossen sorgen sampt meinen gehülffen drauff gesehen, das, wo etwa an einem ort gelegenn ist, hab ichs nach den buchstaben behalten, und bin nicht so frey davon gangen. [...]

Ah es ist dolmetzschen ja nicht eines iglichen kunst, wie die tollen Heiligen meinen, Es gehoeret dazu ein recht, frum, trew, vleissig, forchtsam, Christlich, geleret, erfarn, geuebet hertz, Darumb halt ich, das kein falscher Christ noch rottengeist trewlich dolmetzschen koenne [...].

Das sey vom dolmetzschen und art der sprachen gesagt. Aber nu hab ich nicht allein der sprachen art vertrawet und gefolget, das ich [Röm. 3,28 ...] ‚solum' (Allein) hab hinzu gesetzt, Sonder der text und die meinung S. Pauli foddern und erzwingens mit gewallt, denn er handelt ja daselbs das hauptstueck Christlicher lere, nemlich, das wir durch den glauben an Christum on alle werck des gesetzs gerecht werden [...].

1. Ein Sendbrief ist ein offener Brief, der als Flugschrift verbreitet wurde und von der Öffentlichkeit gehört werden soll. Trage den Text als Rede vor, indem du ihn laut liest.
2. Lies den Text allein und unterstreiche mit Bleistift, was du nicht verstehst. Tausche dich über die Unklarheiten aus und versuche, sie auszuräumen.
3. Unterstreiche die Textstellen gelb, an denen Martin Luther seine Überlegungen zum Übersetzen erläutert.
4. Unterstreiche die Textstellen rot, an denen Martin Luther die Einfügung des „allein" aus Glauben in der Übersetzung des Römerbriefs erläutert.
5. Martin Luther benutzt viele Sprachbilder in seinem Sendbrief. Erkläre das Bild, das er für seine Gegner verwendet.
6. Formuliere aus Martin Luthers Überlegungen zum Dolmetschen (gelb unterstrichen) zwei Regeln für die Übersetzungsarbeit.
7. Von seinen Gegnern wurde Martin Luther für die Hinzufügung „allein" aus Glauben scharf kritisiert. Erkläre Luthers Begründung, warum er das „allein" hinzugefügt hat (rot unterstrichen) mit eigenen Worten.

M6a Wem hat Luther „aufs Maul geschaut"? – Sein Einfluss auf die Sprache (I)

Interview von www.luther2017.de (Teil 1, gekürzt) mit dem Sprachforscher Hartmut Günther, geführt von Hanna Lucassen[1]

Hartmut Günther
Der Sprachforscher Prof. Dr. Hartmut Günther, geboren 1946 in Mölln, hatte von 1996 bis 2011 den Lehrstuhl für Deutsche Sprache und Literatur und ihre Didaktik an der Universität zu Köln inne.

luther2017.de: Wie würden wir heute sprechen, wenn Luther nicht gewesen wäre?

Hartmut Günther: Ohne diese Begriffe: Lückenbüßer, friedfertig, wetterwendisch, Machtwort, Feuereifer, Langmut, Lästermaul, Morgenland. Stammen alle von Luther. Im Süddeutschen würde man vielleicht noch Lefze statt Lippe sagen, und Geißel statt Peitsche – Wörter aus dem Norden, die Luther auch nach Bayern brachte. Fraglich ist auch, ob wir die Redewendungen kennen würden, die er populär gemacht hat: Sein Licht unter den Scheffel stellen. Ein Stein des Anstoßes sein. Mit Blindheit geschlagen sein. Der Mensch lebt nicht vom Brot allein. Niemand kann zwei Herren dienen.

Würden wir uns auch weniger deftig ausdrücken?

Günther: „Warum furzet und rülpset Ihr nicht? Hat es Euch nicht geschmacket?" ist natürlich ein tolles Zitat, wenn auch nicht sicher ist, ob es von ihm ist. Oder: „Aus einem verzagten Arsch kommt kein fröhlicher Furz". Luther war sehr cholerisch. Der „Grobinanismus" in seinen Schmähschriften und zum Teil auch den Tischreden ist aber auch zeittypisch. Da ging es eben körperlicher zu. Umso bemerkenswerter, dass Luther in der Bibelübersetzung auf solche Ausdrücke fast völlig verzichtet. Sein Bibeldeutsch war gehoben. Statt „Es war einmal" schreibt er „Es begab sich".

Sucht man eigentlich richtig, wenn man die Spuren Martin Luthers in einzelnen Begriffen sucht?

Günther: Das ist, wie wenn man bei der Muschelsuche am Strand besonders schöne Einzelexemplare findet. Aber das sind nur besonders glänzende Fundstücke und noch nicht alles. Es gibt auch noch den Sand darunter. Auch wenn Luther die deutsche Sprache nicht erfunden hat: Er formte und prägte sie entscheidend mit.

1 http://www.luther2017.de/reformation/und-gesellschaft/deutsche-sprache/wem-hat-luther-aufs-maul-geschaut-luthers-einfluss-auf-die-sprache/ (Zugriff 26.06.2015).

Was war denn sein Rohmaterial?

Günther: In Deutschland gab es zu der Zeit etwa 20 verschiedene Sprachen oder Dialekte. Im Groben teilten diese sich in zwei große Sprachgebiete: Oberdeutsch im Süden, Niederdeutsch im Norden. Luther selbst wohnte genau an der Grenze. Aufgewachsen im (niederdeutschen) Eisleben und lange ansässig in (niederdeutschen) Wittenberg, war es für ihn selbstverständlich, sich beider Sprachen zu bedienen. Das läuft in solchen Gebieten doch auch heute so. Ich wohnte mal eine Zeitlang in Kleve, nahe der holländischen Grenze. Da benutzt man auch ganz selbstverständlich holländische Begriffe. Die Bibel hat Luther dann in eine Sprache übersetzt, die sowohl niederdeutsche als auch oberdeutsche Elemente hatte.

Und das haben dann beide Seiten gleich verstanden?

Günther: Nein. Im Süden erschienen bald Übersetzungshefte zu der Lutherbibel. Da konnte man die unbekannten niederdeutschen Wörter nachschlagen: „Träne" zum Beispiel (oberdeutsch: Zähre) [...]. Am besten ging es sicher denjenigen, die in der Gegend von Luther lebten. Denn im Groben war es eben seine Sprache – und die seiner Region. Mit „Ihr müsst dem Volk aufs Maul schauen" meinte er: Ihr müsst hören, wie die Leute bei Euch sprechen. Und das hatte er getan.

1. Lies in Partnerarbeit mit verteilten Rollen das Interview.
2. Unterstreiche anschließend zentrale Aussagen des Interviews und überlege, welche Fragen für dich noch offen sind.
3. Schreibe eine kurze Zusammenfassung als Einleitung für das Interview in einer Geschichtszeitschrift.

M6b Wem hat Luther „aufs Maul geschaut"? – Sein Einfluss auf die Sprache (II)

Interview von www.luther2017.de (Teil 2, gekürzt) mit dem Sprachforscher Hartmut Günther, geführt von Hanna Lucassen[2]

Hartmut Günther
Der Sprachforscher Prof. Dr. Hartmut Günther, geboren 1946 in Mölln, hatte von 1996 bis 2011 den Lehrstuhl für Deutsche Sprache und Literatur und ihre Didaktik an der Universität zu Köln inne.

luther2017.de: Wem hat Luther wirklich „aufs Maul geschaut"?

Hartmut Günther: Er ist sicher nicht zu den Bauern gegangen oder hat sich in Gossen herumgedrückt. „Maul" war damals auch ein normaler Ausdruck für Mund. Der Punkt für ihn war: Wenn Du als Pfarrer etwas über eine Schreinerei erzählen willst, musst Du erfahren, wie ein Schreiner spricht. Wenn es um Krankheiten geht, den Arzt fragen. Du musst so reden, dass die Leute dich verstehen.

Das heißt auch, das Wesentliche zu erfassen und nicht an den Worten kleben. Luther amüsierte sich über wörtliche Übersetzungen, an denen ja auch die vorherigen Bibelübersetzungen krankten. Christus' Worte „Ex abundantia cordis os loquitur", so schrieb er im „Sendbrief zum Dolmetschen", würden dann zu „Aus dem Überfluss des Herzens redet der Mund" werden. Das aber sei Quatsch, meinte er, das verstehe kein Deutscher. Luther übersetzte stattdessen: Wes das Herz voll ist, des gehet der Mund über. Ist als Sprichwort bis heute erhalten.

Hat er so etwas aus dem Ärmel geschüttelt? Fiel ihm das Übersetzen leicht?

Günther: Er hat sich das zumindest nicht leicht gemacht. Und mit jedem Wort gerungen, oft wochenlang. „Ave Maria, gratia plena" wäre eigentlich zu übersetzen mit „Maria voll von Gnade". Mit „voll" aber verbinden die einfachen Leute einen vollen Bauch, meinte Luther, oder ein Fass voll Bier. So könne man nicht übersetzen. Er hat dann „holdselige Maria" daraus gemacht. Damit konnten die Menschen eher etwas anfangen.

Hatte Luther auch Spaß und Lust an der Sprache?

Günther: Ja, das glaube ich. Er war ein sehr wortgewaltiger Prediger. Seine Wirkung erzielte er in erster Linie durch seine Worte. Er war ja auch im Lateinischen sehr versiert. Seine berühmten Tischreden waren zweisprachig, da hat er ein ganz spezifisches Gemisch aus Latein und Deutsch. Und er war ja auch ein sehr musikalischer Mensch.

---

2 http://www.luther2017.de/reformation/und-gesellschaft/deutsche-sprache/wem-hat-luther-aufs-maul-geschaut-luthers-einfluss-auf-die-sprache/ (Zugriff 26.06.2015).

Schätzungen zufolge lag Luthers Bibel bald in jedem fünften Haushalt. Aber lesen konnten zu seiner Zeit doch die Wenigsten?

Günther: Wahrscheinlich hat sich die Familie oder der Hof abends versammelt und einer, der es konnte, hat vorgelesen. Luther hat sich ja auch außerordentlich für Bildung eingesetzt, und Bürgermeister und Rathäuser dazu angehalten, in deutschen Städten christliche Schulen einzurichten. Er wollte, dass die Leute selbst lesen können.

Wie lange dauerte es, bis Luthers Einheitsdeutsch wirklich zur Sprache aller Deutschen wurde?

Günther: Es vergingen noch drei- bis vierhundert Jahre, bis sie sich so durchgesetzt hat, dass Schriftsteller, Gelehrte und Pfarrer sie in ihren Texten verwendeten und die Kinder in der Schule lernten, so zu schreiben. Erst im 19. Jahrhundert bildete sich auch auf der gesprochenen Ebene, jenseits der Dialekte, eine gemeinsame deutsche Sprache heraus. [...]

Ihr Fazit: Wird Luthers Einfluss auf die deutsche Sprache über- oder unterschätzt?

Günther: Das, was Luther uns sprachlich hinterließ, waren mehr als ein paar kluge Redewendungen. Mich beeindruckt sein Anspruch, unermüdlich nach den „richtigen" Worten zu suchen, die sowohl dem Gegenüber gerecht werden als auch der Sache. Das sind Fußstapfen, in denen es uns gut tät, weiter zu wandern.

1. Lies in Partnerarbeit mit verteilten Rollen das Interview.
2. Unterstreiche anschließend zentrale Aussagen des Interviews und überlege, welche Fragen für dich noch offen sind.
3. Schreibe eine kurze Zusammenfassung als Einleitung für das Interview in einer Geschichtszeitschrift.

M7 Das Meisterwerk der deutschen Prosa

„Das Meisterwerk der deutschen Prosa ist [...] das Meisterwerk ihres größten Predigers: Die Bibel war bisher das beste deutsche Buch. Gegen Luthers Bibel gehalten ist fast alles übrige nur ‚Literatur'."

Friedrich Nietzsche (1844–1900)

„Die Bibel ist das Buch, dessen Inhalt selbst von seinem göttlichen Ursprung zeugt. Die Bibel ist mein edelster Schatz, ohne den ich elend wäre." „Alle Bücher, die ich gelesen, haben mir den Trost nicht gegeben, den mir das Wort in der Bibel, Psalm 23,4 gab: Ob ich schon wandere im finsteren Tal, fürchte ich kein Unglück, denn du Herr, bist bei mir!"

Immanuel Kant (1724–1804)

Bertolt Brecht wurde gefragt, welches Buch ihm in seinem Leben den größten Eindruck gemacht habe. „Sie werden lachen: die Bibel", hat er geantwortet.

Bertolt Brecht (1898–1956)

1. Friedrich Nietzsche, Immanuel Kant und Berthold Brecht gehören zu den bekanntesten Kirchen- und Religionskritikern seit der Aufklärung. Steht ihre Wertschätzung der Bibel im Widerspruch zu ihrer Kirchen- und Religionskritik? Begründe deine Meinung.
2. Inwieweit kannst du der folgenden Aussage des Kirchenhistorikers Albrecht Beutel zustimmen / nicht zustimmen: „Die Galerie prominenter Lobredner auf die Lutherbibel ließe sich leicht bis ins Unüberschaubare ergänzen. Es gibt schlechterdings niemanden, der ihr den Respekt verweigert und sie nicht als eine überragende Kulturleistung anerkannt hätte."[1] Begründe deine Meinung.

1 Albrecht Beutel, Luthers Bibelübersetzung und die Folgen, in: Evangelische Theologie 59 (1999), 13–24, hier 13.

1. Gestalte gemeinsam mit deinen Mitschüler/innen einen Bibelkoffer, der anderen Schüler/innen später zur Verfügung steht.
2. Sammele Ideen für Schätze, die in den Bibelkoffer gehören. Z. B. einen Schirm, mit dem Menschen den Schutz Gottes nachspüren können (Ps 32,7; Ps 91,1; Ps 119,114).
3. Suche in der Bibel nach sprachlichen Bildern und vergleiche sie in verschiedenen Bibel-Übersetzungen.
4. Suche zu den Bibeltexten (bekannte und / oder weniger bekannte) Bilder oder Lieder, die die Wirkungsgeschichte der Bibelstelle verdeutlichen.
5. Verfasse eine kurze Erklärung, warum dies dein „Wort-Schatz" ist.

Packt eure Objekte in den Koffer.

Baustein 3

Die Bibel verstehen. Oder: Darf man Luthers Bibelübersetzung heute ändern?

David Käbisch

1. Kirchengeschichtliche und übersetzungshermeneutische Einführung

Zum Reformationsjubiläum 2017 wird eine Durchsicht der revidierten Lutherbibel von 1964 (Altes Testament) und 1984 (Neues Testament) erscheinen, an der derzeit mehr als 50 Wissenschaftlerinnen und Wissenschaftler arbeiten. Das Ziel der Durchsicht besteht darin, neuere exegetische Einsichten zu berücksichtigen, ohne den vertrauten Wortlaut und lieb gewonnene Sprachbilder aus Luthers Übersetzung zu verändern – ein Programm, das im Detail nicht selten zu der Frage führt, ob man Luthers Bibelübersetzung heute überhaupt ändern und aktualisieren kann und darf.[1]

Der kirchengeschichtliche Kontext und das übersetzungshermeneutische Programm von Luthers Bibelübersetzung wurden bereits in den Einführungen zu den ersten beiden Bausteinen von Johannes Träger und Ulrike Witten beschrieben. Bezogen auf die derzeitige, zum Teil heftig umstrittene Durchsicht der Lutherbibel[2] sind insbesondere zwei Aspekte von Bedeutung: Zum einen hat Luther selbst seine eigene Übersetzung kontinuierlich revidiert, wobei er mit einer Reihe von Gelehrten seiner Zeit eng zusammengearbeitet hat, darunter Philipp Melanchthon und Justus Jonas, aber auch weniger bekannte Personen wie Caspar Cruciger und Matthäus Aurogallus; zum anderen beschäftigte schon Luther das auch heute noch virulente Übersetzungsproblem, sowohl dem exegetischen Befund der biblischen Texte als auch seiner Muttersprache gerecht werden zu wollen. Dieses übersetzungshermeneutische Programm erforderte von ihm und seinen Helfern ein sorgfältiges Abwägen einer jeden Textstelle – ein Vorgehen, das Luther selbst als „Dolmetschen" bezeichnete und das u.a. in den Mitschriften Georg Rörers dokumentiert ist.[3]

Anlass für die erneute Durchsicht der Lutherbibel ist der Umstand, dass sich nicht nur

1 Zahlreiche Beispiele, auf die in den Materialien eingegangen wird (vgl. M3), erläutert Christoph Kähler, Erneute Durchsicht der Lutherbibel. Probleme, Grundsätze, Ergebnisse und offene Fragen, in: „Was Dolmetschen für Kunst und Arbeit sei". Die Lutherbibel und andere deutsche Bibelübersetzungen. Beiträge der Rostocker Konferenz 2013, hrsg. von Melanie Lange und Martin Rösel, Leipzig 2014, 165–181.

2 Vgl. die Kritik von Thomas Cramer, Wider die Verständlichkeit um jeden Preis. Eine Invective, in: Anmut und Sprachgewalt. Zur Zukunft der Lutherbibel, hrsg. von Corinna Dahlgrün und Jens Haustein, Stuttgart 2013, 123–130.

3 Vgl. dazu Christopher Spehr, Luther als Dolmetscher. Notizen zur Wittenberger Bibelübersetzung, in: Anmut und Sprachgewalt. Zur Zukunft der Lutherbibel. Beiträge der Jenaer Tagung 2012, hrsg. von Corinna Dahlgrün und Jens Haustein, Stuttgart 2013, 39–52, insbesondere 46–48 (zur Wittenberger Bibelrevisionsgruppe) und 49 f. (zum Begriff des Dolmetschens).

die Textgrundlage und die Auslegung der biblischen Texte seit Luthers Übersetzung (und den 1892 erstmals begonnenen Durchsichten bzw. Revisionen, im Folgenden Luther 1912 etc.), sondern auch die muttersprachlichen Konventionen geändert haben. Darüber hinaus ist der Evangelischen Kirche in Deutschland (EKD), die die Durchsicht zum Reformationsjubiläum 2017 in Auftrag gegeben hat, wichtig, dass Luthers Theologie gewahrt bleibt und vertraute Formulierungen (wie die der Weihnachtserzählung Lk 2,1–21 oder Ps 23) erhalten bleiben.[4]

Die Geschichte der Lutherbibel ist nicht nur die Geschichte ihrer Entstehung und Revision, sondern auch ihrer Illustration. Insbesondere Lucas Cranach d. Ä. und seine Werkstatt illustrierten die für die reformatorische Theologie grundlegende Unterscheidung von Gesetz und Evangelium in zahlreichen Bibelausgaben. Bekannt sind auch die Holzschnitte von Albrecht Dürer zu den vier apokalyptischen Reitern (Offb 6), mit denen er Ängste seiner Zeit zum Ausdruck brachte und auf den biblischen Text bezog (Angst vor Krieg, vor Tod, vor Hunger und vor Teuerung). Die Bibel nach der Übersetzung Martin Luthers (1984) wird heute jedoch nicht nur mit Bildern von Lucas Cranach d. Ä. und Albrecht Dürer, sondern auch von Michelangelo, Raffael, Rembrandt, Marc Chagall und August Macke verbreitet. In der Auseinandersetzung mit dem reformatorischen Bildprogramm bieten diese modernen Ausgaben der Lutherbibel also auch die Möglichkeit, dass Schülerinnen und Schüler die vielfältigen Zusammenhänge zwischen Text und Bild in Bibelausgaben entdecken.

Die Bibel wurde im Laufe ihrer Geschichte in ca. 2500 Sprachen und Dialekte übersetzt. Sie ist damit auch heute noch das am meisten übersetzte Buch. Bei der Beschäftigung mit dem Thema bietet es sich daher auch an, Luthers Bibelübersetzung mit anderen Übersetzungen zu vergleichen. Neben urtextnahen (z. B. Elberfelder-Bibel 1871, zuletzt revidiert 2006) und verständnisorientierten Ausgaben (z. B. die Gute Nachricht) gibt es Drucke, die wie die Lutherbibel 1984 einen Mittelweg suchen (z. B. die Einheitsübersetzung) oder innovative, zum Teil auch provokative Wege gehen. Unter diesen seien die die sogenannte Volxbibel (erste Ausgabe 2005) und die Bibel in gerechter Sprache (2006) hervorgehoben, die sich u. a. um eine jugendgemäße bzw. geschlechtergerechte Sprache bemühen.[5] Diese Übersetzungen führen anschaulich vor Augen, dass das Verstehen der Bibel eine Aufgabe bleibt, der sich jede Generation neu zu stellen hat.

4 Vgl. Christoph Kähler, Erneute Durchsicht, 172–174.

2. Literaturhinweise

„Was Dolmetschen für Kunst und Arbeit sei". Die Lutherbibel und andere deutsche Bibelübersetzungen. Beiträge der Rostocker Konferenz 2013, hrsg. von Melanie Lange und Martin Rösel, Leipzig 2014.

Anmut und Sprachgewalt. Zur Zukunft der Lutherbibel. Beiträge der Jenaer Tagung 2012, hrsg. von Corinna Dahlgrün und Jens Haustein, Stuttgart 2013.

Kirsten, Peter: Moderne deutsche Bibelübersetzungen, in: Handbuch Bibeldidaktik, hrsg. von Mirjam Zimmermann und Ruben Zimmermann. Unter Mitarb. von Susanne Luther und Julian Enners, Tübingen 2013, 76–82.

Landgraf, Michael: Bibelausgaben damals und heute, in: Handbuch Bibeldidaktik, hrsg. von Mirjam Zimmermann und Ruben Zimmermann. Unter Mitarb. von Susanne Luther und Julian Enners, Tübingen 2013, 82–87.

5 Neben den ausführlichen Beiträgen der Rostocker Konferenz „Was Dolmetschen für Kunst und Arbeit sei" findet sich zu andere deutsche Bibelübersetzungen ein knapper Überblick bei Michael Landgraf, Bibelausgaben damals und heute, in: Handbuch Bibeldidaktik, hrsg. von Mirjam Zimmermann und Ruben Zimmermann. Unter Mitarb. von Susanne Luther und Julian Enners, Tübingen 2013, 82–87.

3. Didaktisch-methodischer Kommentar

Material 1: Luthers Sprachbilder

Die Beschäftigung mit Luthers Bibelübersetzung und den von ihm gefundenen Sprachbildern und Metaphern bietet vielfältige Möglichkeiten, an Vorwissen aus dem Englisch- und Deutschunterricht anzuknüpfen. Mit **M1** können die Lernenden insbesondere ihre hermeneutischen Kompetenzen erweitern, indem sie englische Sprachbilder nicht wörtlich, sondern sinngemäß übersetzen und neben die Bilder eine passende deutsche Übersetzung schreiben (catching the bus: den Bus kriegen; a bad hair day: einen schlechten Tag haben; walk on air: glücklich sein; as cool as a cucumber: die Ruhe selbst; weitere Beispiele sind straight from the horse's mouth: aus erster Hand; dark horse: eine verschlossene Person; head over heels in love: über beide Ohren verliebt; wet behind the ears: grün hinter den Ohren). Anschließend erweitern sie ihre methodischen Kompetenzen im Umgang mit biblischen Texten, indem sie das Internet-Portal www.bibel-online.net oder www.die-bibel.de erforschen und bei der Suche nach Bibelstellen anwenden.

Material 2: Biblische Sprachbilder heute

Luthers Übersetzung lebt von der Kraft ihrer Sprachbilder. Viele von diesen sind in unsere Alltagssprache eingedrungen. Die Schülerinnen und Schüler können unter dieser Voraussetzung ihre Wahrnehmungs- und Ausdrucksfähigkeit erweitern, indem sie zu den Beispielen aus Hiob 4,15, Johannes 7,23, Hoheslied 4,9 und Lukas 11,52 ein passendes Bild zeichnen oder eine Collage anfertigen.

Material 3: Darf man Luthers Bibelübersetzung heute ändern?

Im Jahr 2017 wird eine Durchsicht der Lutherbibel erscheinen, nachdem zuletzt 1964 das Alte und 1984 das Neue Testament überarbeitet worden sind. Die Schülerinnen und Schüler lernen die Arbeit der Revisionskommission kennen, indem sie deren Übersetzungsvorschläge für 2017 mit den Ausgaben aus den Jahren 1545 („Luthers letzte Hand"), 1964 und 1984 vergleichen. Sie erweitern zudem ihre argumentativen und kommunikativen Fähigkeiten, indem sie für jeden Änderungsvorschlag Kontra-Argumente nennen und drei Verse ihrer Wahl in heutige „Jugendsprache" übersetzen.

Material 4: Konfirmationssprüche im Wandel der Zeiten

Die von ca. 50 Wissenschaftlerinnen und Wissenschaftlern geleistete Arbeit an einer Neuausgabe von Luthers Bibelübersetzung zum Reformationsjubiläum 2017 kann zwar wichtige bibelhermeneutische und übersetzungspraktische Einsichten vermitteln, hat aber kaum einen Lebensweltbezug zu den Lernenden. Der Vergleich von Konfirmationssprüchen nach den Ausgaben der Lutherbibel 1912, 1964 und 1984 kann daher deutlich machen, dass die Arbeit der Expertenkommission auch ihre Familie betreffen kann. Neben dem dazu notwendigen Sachwissen erweitern die Schülerinnen und Schüler zudem ihre Kommunikations- und Imaginationsfähigkeit, indem sie in einer fiktiven Situation darlegen, warum Luthers Bibelübersetzung mehrfach überarbeitet wurde.

Material 5: Übersetzen als Interpretation

Schülerinnen und Schüler haben auch nach mehrjährigem Fremdsprachenunterricht oft noch die (naive) Überzeugung, dass es beim Übersetzen eine völlige Entsprechung zwischen Ausgangs- und Zielsprache geben kann. Mit Hilfe von Beispielen aus dem Englischunterricht (goal, target, aim, destination, intention, end) sollten sie daher in einem ersten Unterrichtsschritt erkennen, dass es immer Interpretationsspielräume beim Übersetzen gibt und Übersetzungen interessengeleitet sein können. Anschließend transferieren sie ihre Einsichten auf heutige Übersetzungen von Römer 10,4, indem sie diese miteinander vergleichen. Im Unterrichtsgespräch sollte die Lehrkraft auch auf die Wirkungsgeschichte dieser paulinischen Aussage hinweisen. Sie wurde in der Geschichte oft als vermeintlicher Beleg dafür genutzt, dass mit Jesus Christus die Thora (gr. νόμος / nomos, das „Gesetz") überflüssig geworden sei. Im Originaltext und Kontext ist jedoch nach Ansicht der neueren exegetischen Forschung das Gegenteil gemeint: Der Jude Paulus will der noch jungen christlichen Gemeinde in Rom deutlich machen, dass mit Jesus Christus die Thora zu ihrer Erfüllung gekommen ist (vgl. dazu auch Mt 5,17: „Ihr sollt nicht meinen, dass ich [Jesus] gekommen bin, das Gesetz [gr. νόμος / nomos] oder die Propheten aufzulösen; ich bin nicht gekommen aufzulösen, sondern zu erfüllen.").

Material 6: Interpretation durch Illustration (in der Reformationszeit und in der Gegenwart)

Schülerinnen und Schüler sind in ihrem Alltag mit einer wachsenden Zahl an Bildern konfrontiert (Zeitschriften, Werbung, Filme, Schulbücher etc.). Sie sollten daher auch im Religionsunterricht lernen, die „Macht der Bilder" zu erkennen und ideologiekritisch zu hinterfragen. M6 leistet dazu einen Beitrag. Die Lernenden erweitern insbesondere ihre hermeneutische Kompetenz, indem sie beschreiben, wie Bilder die Wahrnehmung eines Textes nicht nur beeinflussen, sondern auch dessen Interpretation in eine intendierte Richtung lenken können.

M6a: Im Unterrichtsgespräch sollte die Lehrkraft nicht nur auf die typische Darstellung eines Türken im 16. Jahrhundert (mit einem Turban) hinweisen, sondern auch auf die Erste Wiener Türkenbelagerung 1529, die einen Höhepunkt der damaligen Kriege zwischen dem Osmanischen Reich und den christlichen Staaten Europas darstellte.

Einen theologisch und didaktisch anspruchsvollen Zugang zur Botschaft der Textillustration bietet Luthers Türken- und Islambild, das sich im Laufe seines Lebens gewandelt hat. Nach Johannes Ehmann steht Luthers frühe Türkenpolemik, nach der diese Feinde des christlichen Glaubens sind, in der Tradition des Mittelalters. Als Teil seiner späteren Kirchenkritik, nach der Nichtchristen als Werkzeuge Gottes „zum Gericht an der christlichen Kirche entsprechend der Geschichte Gottes mit Israel im Alten Testament" bestimmt sind,[6] kann er den türkischen Eroberungen jedoch auch eine bußtheologische Bedeutung zuschreiben: Sie haben in Gottes Heilsplan die Funktion, Bußfertigkeit zu stiften – eine Deutung, die in dem Holzschnitt zur Erzählung vom Barmherzigen Samariter von Jost Amman in der der sog. Feyerabend-Bibel zum Tragen zu kommen scheint.

M6b: Bilder können einen biblischen Text illustrieren, interpretieren, kommentieren, verfremden oder die im Text erzählte Begebenheit etc. eigenständig fortführen. Durch die Beschäftigung mit einem Bild von August Macke (1887–1914), das in einer modernen Ausgabe der Lutherbibel als Illustration zu Ps 121,5–8

6 Johannes Ehmann, Luther, Türken und Islam. Eine Untersuchung zum Türken- und Islambild Martin Luthers (1515–1546), Gütersloh 2008, 445.

verwendet wird,[7] erweitern die Schülerinnen und Schüler damit nicht nur ihre methodische Kompetenz, den Aufbau, die Komposition, die Farben und Formen etc. eines Bildes zu beschreiben. Im Zentrum steht vielmehr die hermeneutische und gestalterische Lernaufgabe, die vielfältigen Wechselbeziehungen zwischen Text und Bild zu entdecken und eine eigene Illustration, Interpretation, Verfremdung, Fortführung oder Modernisierung eines biblischen Textes (z. B. Ps 23) anzufertigen.[8]

Material 7: Ein sprachlich-literarisches Kunstwerk ersten Ranges

Die Frage, inwieweit man Luthers Bibelübersetzung heute ändern oder modernisieren darf, soll abschließend mit einem Statement des Berliner Germanisten Thomas Cramer vertieft werden. Dieser lehnt jede sprachliche oder gestalterische Modernisierung ab und plädiert für eine Faksimile-Ausgabe der Lutherübersetzung aus dem Jahr 1545.[9] In der Auseinandersetzung mit dieser Position können die Schülerinnen und Schüler ihr erworbenes Sachwissen über die Geschichte der Lutherbibel und ihr Bildprogramm (vgl. dazu auch die Materialien aus Baustein 1) anwenden und ihre argumentativen Fähigkeiten erweitern, indem sie ihre eigene Position begründen und in einem (fiktiven) Leserbrief darlegen.

---

7 August Macke, Leute am blauen See (1913), Öl auf Leinwand, 60×48,5 cm, Staatliche Kunsthalle Karlsruhe, Foto: Joachim Blaue – Artothek, in: Die Bibel nach der Übersetzung Martin Luthers (Bibeltext in der revidierten Fassung von 1984), hrsg. von der Evangelischen Kirche in Deutschland. Mit Bildern von August Macke, Stuttgart 2006.

8 Weitere Bilder von Lucas Cranach d. Ä., Albrecht Dürer, Michelangelo, Raffael, Rembrandt, Marc Chagall und August Macke, die sich in modernen Bibelausgaben nach der Übersetzung Martin Luthers (1984) finden, können eingesehen werden unter www.bibelonline.de (Stichwort: Lutherbibel mit Bildern von XY).

9 Thomas Cramer, Wider die Verständlichkeit um jeden Preis. Eine Invective, in: Anmut und Sprachgewalt. Zur Zukunft der Lutherbibel, hrsg. von Corinna Dahlgrün und Jens Haustein, Stuttgart 2013, 123–130, hier 130.

„It's raining cats and dogs" – aus dem Englischunterricht weißt du, dass man diese Redensart nicht wörtlich, sondern sinngemäß übersetzen muss („Es regnet in Strömen" statt „Es regnet Katzen und Hunde").

1. Nenne weitere Redensarten, die man nicht wörtlich, sondern sinngemäß übersetzen sollte.
2. Schreibe über / unter die Bilder eine passende deutsche Übersetzung. Nimm bei Bedarf ein Wörterbuch zur Hilfe.
3. Zeichne in die freien Felder ein eigenes Bild.

catching the bus 	a bad hair day
walk on air	as cool as a cucumber

4. Auch in der Bibel finden sich viele Sprachbilder und Metaphern, die Luther nicht wörtlich, sondern sinngemäß übersetzt hat. Welche davon kennst du? Fülle die folgende Tabelle aus. Nutze für die Suche nach der genauen Stellenangabe die Internet-Portale www.bibel-online.net oder www.die-bibel.de.

Sprachbilder und Metaphern	*Kenne ich (ankreuzen)*	*Kenne ich nicht (ankreuzen)*	*Kommt aus der Bibel (Stellenangabe)*
„Wölfe in Schafskleidern"			
„Stecken und Stab"			
„Sein Licht unter den Scheffel stellen."			
„Ein Stein des Anstoßes sein."			
„Mit Blindheit geschlagen sein."			
„Der Mensch lebt nicht vom Brot allein."			
„Niemand kann zwei Herren dienen."			
„Hochmut kommt vor dem Fall."			

Biblische Sprachbilder heute | M2

Luther hat in seiner Bibelübersetzung viele Sprachbilder erfunden, die wir noch heute verwenden.[1]

Zeichne zu den folgenden Beispielen ein passendes Bild.

Es standen mir die Haare zu Berge (Hiob 4,15)	**Das Gesetz brechen** (Johannes 7,23)
Du hast mir das Herz genommen (Hohelied 4,9)	**Schlüssel der Erkenntnis** (Lukas 11,52)

1 Bibelzitate aus der Lutherbibel.

M3 Darf man Luthers Bibelübersetzung heute ändern?

Man darf. Aber mit Behutsamkeit und mit Gefühl für den ursprünglichen Text! Zuletzt haben daher Wissenschaftlerinnen und Wissenschaftler im Jahr 1964 das Alte Testament und 1984 das Neue Testament nach Luthers Übersetzung aus dem Jahr 1545 an den heutigen Sprachgebrauch angepasst. Derzeit arbeiten wieder über 50 Wissenschaftlerinnen und Wissenschaftler an diesem Meisterwerk, um zum Reformationsjubiläum 2017 eine Neuausgabe von Luthers Bibelübersetzung herausbringen zu können. Sie setzen damit eine Tradition fort, die schon Luther begonnen hat: Denn auch er hat seine Bibelübersetzung im Team überarbeitet![1]

1. **Vergleiche die Bibelübersetzungen aus den Jahren 1545 und 1964/1984 mit der Übersetzung, die 2017 erscheinen wird. Unterstreiche die Wörter, die verändert werden sollen.**

A RÖMERBRIEF 10,10

a. Denn so man von Hertzen gleubet / so wird man gerecht / Vnd so man mit dem Munde bekennet / so wird man selig. (1545)
b. Denn wenn man von Herzen glaubt, so wird man gerecht; und wenn man mit dem Munde bekennt, so wird man gerettet. (1984)
c. Denn wer mit dem Herzen glaubt, wird gerecht; und wer mit dem Munde bekennt, wird selig. (2017)

B PSALM 42,2

a. Wie der Hirsch schreiet nach frischem Wasser / So schreiet meine seele Gott zu dir. (1545)
b. Wie der Hirsch lechzt nach frischem Wasser, so schreit meine Seele, Gott, zu dir. (1964)
c. Wie der Hirsch schreit nach frischem Wasser, so schreit meine Seele, Gott, zu dir. (2017)

C JOHANNESEVANGELIUM 11,25

a. Jch bin die Aufferstehung vnd das Leben / wer an Mich gleubet / der wird leben / ob er gleich stürbe. (1545)
b. Ich bin die Auferstehung und das Leben. Wer an mich glaubt, der wird leben, auch wenn er stirbt. (1984)
c. Ich bin die Auferstehung und das Leben. Wer an mich glaubt, der wird leben, ob er gleich stürbe. (2017)

D HESEKIEL 3,12

a. Vnd ein wind hub mich auff / vnd ich hörete hinder mir ein Gedöne / wie eines grossen Erdbebens. (1545)
b. Und der Geist hob mich empor, und ich hörte hinter mir ein Getöse wie von einem großen Erdbeben. (1964)
c. Und ein Wind hob mich empor, und ich hörte hinter mir ein Getöse wie von einem großen Erdbeben. (2017)

---

1 Dieses Arbeitsblatt und die gewählten Bibelstellen basieren auf einem Artikel in Chrismon, das evangelische Magazin 12/2014.

E BRIEF DES JAKOBUS 2,1

a. Ljben brüder / Halts nicht da fur / das der glaube an Jhesum Christ vnsern HErrn der herrligkeit / ansehung der Person leide. (1545)
b. Liebe Brüder, haltet den Glauben an Jesus Christus, unsern Herrn der Herrlichkeit, frei von allem Ansehen der Person. (1984)
c. Meine Brüder und Schwestern, haltet den Glauben an Jesus Christus, unsern Herrn der Herrlichkeit, frei von allem Ansehen der Person. (2017)

F 1. BUCH MOSE 2,18

a. Es ist nicht gut das der Mensch allein sey / Jch wil jm ein Gehülffen machen / die vmb jn sey. (1545)
b. Es ist nicht gut, dass der Mensch allein sei; ich will ihm eine Gehilfin machen, die um ihn sei. (1964)
c. Es ist nicht gut, dass der Mensch allein sei; ich will ihm eine Hilfe machen, die ihm entspricht. (2017)

2. Stelle Dir vor, dass Du als Wissenschaftlerin oder Wissenschaftler an der Abstimmung zu jeder Bibelstelle teilnimmst. Unten findest du zu jedem Übersetzungsvorschlag ein Argument dafür. Schreibe zu jedem Übersetzungsvorschlag ein Gegenargument auf. Stimmt anschließend über jede Stelle ab.

A. Luther verwendete 1545 das Wort „selig", das 1984 in „gerettet" geändert worden war. Nun soll es wieder „selig" heißen, da dies als typischer Begriff der Luthersprache erhalten bleiben soll.
B. Die Lutherbibel 2017 kehrt zum schreienden Hirsch zurück, weil so auch Luther 1545 formuliert hatte. Außerdem spielt ein musikalisches Argument eine Rolle: Die bekannte Vertonung des Psalms 42 durch Felix Mendelssohn Bartholdy lässt den Hirsch ebenfalls schreien, nicht lechzen.
C. Die Formulierung „ob er gleich stürbe" ist im ursprünglichen Wortlaut Luthers von 1545 bekannter und beliebter als die Version aus dem Jahr 1984.
D. Im Hebräischen wird für „Geist" und „Wind" derselbe Begriff verwendet. Aber „Wind" entspricht Luthers Textversion von 1545 – und passt hier viel besser.
E. Die inklusive Sprache, die Luther 1545 nicht kannte, soll 2017 bei der direkten Anrede in Briefen oder zu Beginn von Textabschnitten verwendet werden.
F. Schon in der Lutherbibel von 1984 wurde der Begriff der „Gehilfin" durch eine Anmerkung erklärt. 2017 soll auch der Haupttext geändert werden.[2]

3. Zum Reformationsjubiläum soll auch eine Bibelübersetzung in heutiger „Jugendsprache" erscheinen. Wie könnte diese aussehen? Wähle drei Bibelverse aus und übersetze sie in die dir geläufige „Jugendsprache".

2 Chrismon. Das evangelische Magazin 12/2014, 40 f. und www.chrismon.de (stark gekürzt, ohne Einzelnachweis).

M4 Konfirmationssprüche im Wandel der Zeiten

Am kommenden Sonntag feiert Anna ihre Konfirmation. Aufgeregt erzählt sie ihrer 85-jährigen Urgroßmutter, wer alles kommen wird und was sie anziehen will. Als sie ihrer Urgroßmutter erzählt, welchen Konfirmationsspruch sie sich ausgesucht hat, muss die Urgroßmutter lachen: Das ist ja mein Konfirmationsspruch, doch der klingt bei mir ganz anders. Warum?

1. In der Konfirmandenstunde hat Anna gelernt, dass es verschiedene Bibelübersetzungen gibt. Auch Luthers Bibelübersetzung wurde mehrfach überarbeitet. Schreibe auf, was Anna ihrer Urgroßmutter geantwortet haben könnte.
2. Anna hat in der Konfirmandenstunde auch eine Liste mit beliebten Konfirmationssprüchen nach der Lutherübersetzung aus dem Jahr 1964 (Altes Testament) und 1984 (Neues Testament) erhalten.[1] Vergleiche diese Liste mit der Lutherübersetzung aus dem Jahr 1912. Nutze dazu das Internet-Portal www.bibel-online.net.

Luther 1964 (AT) und 1984 (NT)	*Luther 1912*
Ein Mensch sieht, was vor Augen ist; Gott aber sieht das Herz an. (1. Samuel 16,7)	
Behüte dein Herz mit allem Fleiß, denn daraus quillt das Leben. (Sprüche 4,23)	
Mit meinem Gott kann ich über Mauern springen. (Psalm 18,30)	
Der Herr ist mein Hirte, mir wird nichts mangeln. (Psalm 23,1)	
Der Mensch lebt nicht vom Brot allein, sondern von einem jeden Wort, das aus dem Mund Gottes geht. (Matthäus 4,4)	
Gott ist Liebe; und wer in der Liebe bleibt, bleibt in Gott und Gott in ihm. (1. Johannes 4,16)	
Alle eure Sorge werft auf Gott; denn er sorgt für euch. (1. Petrus 5,7)	

1 Bibelzitate aus der Lutherbibel.

Übersetzen als Interpretation M5

1. Aus dem Englischunterricht ist dir bekannt, dass man viele Wörter unterschiedlich übersetzen kann. So muss man beispielsweise bei dem deutschen Wort „Ziel" zwischen „goal", „target", „aim", „destination", „intention" oder „end" wählen. Schlage diese Wörter in einem englisch-deutschen Wörterbuch nach und notiere dir die Bedeutungsunterschiede.
2. Auch in der hebräischen und griechischen Bibel finden sich viele Wörter mit unterschiedlichen Übersetzungsmöglichkeiten. So kann man beispielsweise das griechische Wort für „Ziel" (τέλος / telos) mit den deutschen Worten „Ende", „Ziel", „Endziel", „Ausgang", „Vollendung", „Ideal" oder „Erfüllung" übersetzen. Diskutiert in Partnerarbeit die Unterschiede zwischen diesen Übersetzungsmöglichkeiten.
3. Vergleiche die folgenden Übersetzungen des Römerbriefs 10,4 miteinander. Für welche Übersetzungsmöglichkeit des Wortes „Ziel" (τέλος / telos) haben sich die Übersetzer jeweils entschieden?

Römer 10,4:

Originaltext auf Griechisch (ca. 60 n. Chr.):

τέλος γὰρ νόμου Χριστὸς εἰς δικαιοσύνην παντὶ τῷ πιστεύοντι

Übersetzung ins Lateinische (ca. 4. Jhd.):

finis enim legis Christus ad iustitiam omni credenti

Heutige Übersetzungen ins Deutsche:

- Denn Christus ist des Gesetzes Ende; wer an den glaubt, der ist gerecht. (Luther 1984)
- Denn das Endziel des Gesetzes ist Christus, jedem Glaubenden zur Gerechtigkeit. (Elberfelder Bibel)
- Denn mit Christus ist das Ziel erreicht, um das es im Gesetz geht: Jeder, der an ihn glaubt, wird für gerecht erklärt. (Neue Genfer Übersetzung)
- Christus hat das Gesetz erfüllt und damit die Herrschaft des Gesetzes beendet. Wer ihm vertraut, wird von Gott angenommen. (Hoffnung für alle)
- Denn seit Christus ist das Gesetz nicht mehr der Weg zum Heil. Vielmehr gilt jetzt: Alle, die im Glauben auf Christus vertrauen, werden vor dem Gericht Gottes als gerecht anerkannt werden. (Gute Nachricht)
- Denn durch Jesus Christus ist dieses Programm überholt worden. Wer sein Vertrauen auf Jesus setzt, der ist für Gott in Ordnung. (wiki.volxbibel.com)

M6a Interpretation durch Illustration (in der Reformationszeit)

Übersetzungen aus einer Fremdsprache werden nicht nur durch die Wahl der deutschen Wörter interpretiert. Auch Illustrationen können die Interpretation in eine erwünschte oder auch nicht erwünschte Richtung lenken. So findet sich in dem Frankfurter Nachdruck der Lutherbibel aus dem Jahr 1580 (der sog. Feyerabend-Bibel) die folgende Illustration von Jost Amman zu Lukas 10,25–37:

1. Beschreibe den Bildaufbau (Vordergrund, Hintergrund etc.), die Bildkomposition (Frosch-, Vogel- oder Zentralperspektive) und die dargestellten Personen (Kleidung, Mimik, Gestik etc.).
2. Lest Lukas 10,25–37. Ordnet die in der Erzählung genannten Personen den Personen auf dem Bild zu.
3. Diskutiert, was eurer Meinung nach typisch / untypisch an der Darstellung ist. Beachte: Türken wurden im 16. Jahrhundert mit einem Turban dargestellt.
4. Gestalte eine Illustration oder Collage zu Lukas 10,25–37 für unsere Zeit.

Interpretation durch Illustration (in der Gegenwart) | M6b

August Macke, Leute am blauen See (1913)

Die Bibel nach der Übersetzung Martin Luthers (1984) kann man heute u.a. mit Bildern von Lucas Cranach d.Ä., Albrecht Dürer, Michelangelo, Raffael, Rembrandt, Marc Chagall und August Macke erhalten. Auch diese Illustrationen können die Interpretation eines Bibeltextes in eine erwünschte oder auch nicht erwünschte Richtung lenken. So findet sich in der Lutherbibel mit Bildern von August Macke (1887–1914) die folgende Illustration zu Psalm 121,5–8:

1. Suche das Bild z.B. in einer Bilddatenbank im Internet. Beschreibe den Bildaufbau, die Bildkomposition, die Farben, die Formen sowie die dargestellten Personen.
2. Lest Psalm 121,5–8. Diskutiert, was eurer Meinung nach typisch / untypisch an der Darstellung ist. Beachte: Bilder können einen Text illustrieren, interpretieren, verfremden oder eigenständig fortführen.
3. Vergleiche dieses Bild mit der Darstellung der „Flucht nach Ägypten" von August Macke. Nenne Gemeinsamkeiten und Unterschiede. Lies dazu auch den dazugehörigen Text Mt 2,13–15.
4. Gestalte eine eigene Illustration, Interpretation, Verfremdung, Fortführung oder Modernisierung von Psalm 23.

M7 Ein sprachlich-literarisches Kunstwerk ersten Ranges

Für den Berliner Germanisten Thomas Cramer ist die Lutherübersetzung aus dem Jahr 1545 ein sprachlich-literarisches Kunstwerk ersten Ranges. Er plädiert daher für die Wiedereinführung dieser Lutherübersetzung und lehnt jede Bearbeitung oder Modernisierung ab. Dazu schreibt er:

1. „Luther hat nicht dem Volk, sondern den Experten aufs Maul geschaut. Daher können sich umgangssprachliche Bearbeitungen nicht ohne weiteres auf Luther berufen.

2. Luthers Bibelübersetzung ist ein sprachlich-literarisches Kunstwerk ersten Ranges, das für Jahrhunderte die deutsche Prosa geprägt hat. Kunstwerke darf man nicht allein den Theologen überlassen.

3. Während es für die Restaurierung und Erneuerung von Werken der bildenden Kunst strenge Regeln gibt, kann jeder, der sich dazu berufen fühlt, unter der Behauptung besserer Verständlichkeit den literarischen Text entstellen oder zerstören, etwa in der Weihnachtsgeschichte Luthers […].

4. Besonderer Aufmerksamkeit bedürfen die Illustrationen. Sie einfach wegzulassen hieße, eine Sinndimension des Buches vernichten […]. Wenig befriedigend wäre auch eine Modernisierung der Bilder, indem man alte durch neue ersetzt, Chagall statt Cranach?“[1]

1. Vergleiche die Weihnachtsgeschichte Lk 2,1–21 nach der Lutherbibel 1984 mit der Lutherbibel 1912 und 1545. Nutze dazu die Internet-Portale www.bibel-online.net und www.die-bibel.de.
2. Ist die Weihnachtsgeschichte nach der Lutherbibel 1912 und 1984 deiner Meinung nach eine „umgangssprachliche Bearbeitung“, die den Text entstellt und zerstört? Begründe deine Meinung.
3. Thomas Cramer lehnt auch „eine Modernisierung der Bilder“ vehement ab (vgl. dazu **M6b**). Kannst du dieser Position zustimmen / nicht zustimmen? Begründe deine Meinung.
4. Schreibe einen Leserbrief an Thomas Cramer. Gehe dabei auf die Frage ein, ob man deiner Meinung nach ein sprachlich-literarisches Kunstwerk wie die Lutherbibel modernisieren und neu illustrieren darf / nicht darf.

1 Thomas Cramer, Wider die Verständlichkeit um jeden Preis. Eine Invective, in: Anmut und Sprachgewalt. Zur Zukunft der Lutherbibel, hrsg. von Corinna Dahlgrün und Jens Haustein, Stuttgart 2013, 123–130, hier 126 f. (andere Zählung als im Originaltext).

Baustein 4

Reformation und Medien. Oder: Die Bedeutung von Medien für das Zusammenleben von Menschen

Jens Palkowitsch-Kühl

1. Kirchen- und mediengeschichtliche Einführung

„Die Hoffnungen, die sich gegenwärtig an die Einführung der neuen elektronischen Medien knüpfen, finden erstaunliche Parallelen in der Begeisterung, mit der der Buchdruck im 15. und 16. Jahrhundert als Medium der Volksaufklärung, der Ersparung menschlicher Mühsal bei der Informationsgewinnung und bei der Lösung so ziemlich aller kommunikativen Probleme gepriesen wurde.“[1]

Die Geburt des Buchdrucks mit beweglichen Lettern ist ein mediales Ereignis, dessen Bedeutung für die Reformation nicht unterschätzt werden kann. Zugleich haben nicht nur Reformatoren die Entstehung und Verbreitung neuer Druckmedien (Flugschriften, Postillen, Streitschriften etc.) wesentlich vorangetrieben und beschleunigt. Das Reformationsjahrhundert wird daher zu Recht auch als ein Jahrhundert der Medienrevolution (in einer Reihe weiterer Medienrevolutionen in der Geschichte der Menschheit) beschrieben.[2] Gleichsam möchte ich den von Burkhardt und Giesecke verwendeten Begriff einer „Medienrevolution“ im weiteren Verlauf ausklammern, da eine Revolution, historisch betrachtet, meist ein gewaltsamer und rascher Umsturz bzw. eine Umwälzung von bestehenden „Systemen“ darstellt. Die hier in den Blick genommenen medialen und gesellschaftlichen Wandlungsprozesse hingegen vollziehen sich eher schleichend und zeichnen sich durch ihre Prozesshaftigkeit aus.[3]

Der deutsche Kommunikations- und Medientheoretiker Michael Giesecke beschreibt, wie im Eingangszitat bereits angedeutet wurde, zahlreiche Parallelen zwischen den damaligen und heutigen Mediatisierungsprozessen. Der Begriff der Mediatisierung meint dabei die Durchdringung des Alltags durch Medien und die damit einhergehenden kulturellen und kommunika-

1 Michael Giesecke, Der Buchdruck in der frühen Neuzeit. Eine historische Fallstudie über die Durchsetzung neuer Informations- und Kommunikationstechnologien. Kurzfassung für die Vorbereitung und Gestaltung des Unterrichts an allgemeinbildenden Schulen, in: Neue Technologien und Allgemeinbildung, hrsg. vom Niedersächsischen Landesinstitut für Fortbildung und Weiterbildung im Schulwesen und Medienpädagogik (NLI) und vom Niedersächsischen Kultusministerium, Band 8: Geschichte – Anregung für den Unterricht, Hannover 1996, 222–235, hier 222 (formale Fehler wurden korrigiert).

2 Johannes Burkhardt, Das Reformationsjahrhundert. Deutsche Geschichte zwischen Medienrevolution und Institutionenbildung 1517–1617, Stuttgart 2002.

3 Dabei geht ein kommunikativer Wandel oftmals mit einem kulturellen Wandel einher und ein kultureller Wandel bedingt ebenso kommunikative Wandlungsprozesse.

tiven Wandlungsprozesse.[4] Davon ausgehend, dass Kommunikation immer an materielle Medien gebunden ist und sich diese im Laufe der Kulturgeschichte verändern, lassen sich verschiedene mediale Epochen ausmachen.[5] Errungenschaften der vorausgehenden Epoche gehen dabei nicht verloren, sondern wandeln sich in tradierte Kommunikationssysteme. Giesecke spricht hierbei von natürlichen und unnatürlichen Sprachen bzw. Systemen. Als natürlich wird immer das gewohnte System gesehen, als unnatürlich dahingehend die Neuentwicklung. So sind für uns aktuell Massenmedien wie TV, Radio, Bücher und Zeitungen Teil des natürlichen Systems. Dahingehend ist alles „Neue", wie die sogenannten „Neuen Medien", Teil des unnatürlichen Systems. Momentan lässt sich aber durch den bereits genannten Metaprozess der Mediatisierung feststellen, dass eben dieses unnatürliche System sich in unserer Gesellschaft allmählich festigt und Bestandteil unserer Kultur wird. Vor diesem Hintergrund lassen sich (unter Einbeziehung digital-vernetzter Medien) fünf mediale gesellschaftswirksame Entwicklungsprozesse für den europäischen Raum beschreiben:[6]

1. Ausbildung der menschlichen Sprache
2. Einführung der skriptografischen Medien
3. Einführung des Buchdrucks
4. Einführung analoger, elektronischer Medien (Telefon, Radio, TV etc.)
5. Einführung digitaler, vernetzter Medien (Computer, Internet, Smartphones etc.)

Die Ausbildung der menschlichen Sprache, steht für die Unterscheidung der tierischen und menschlichen Informationssysteme. Sprache stellt dabei ein soziales Informationssystem dar und führte daher zur Sozialisierung, indem Informationen auf einer neuen (kognitiven) Ebene ausgetauscht werden konnten. Aber auch umgekehrt bedingte der Prozess der Sozialisierung die Entstehung und Ausformung von Sprache. Dieser allmählich tradierten Medienform folgten die Einführung der Schrift und anderer skriptografischer Medien in Form von Zeichen und Zeichnungen. Anders als bei der Sprache war man hierbei auf einen physischen Gegenstand angewiesen, der als Datenträger für die Information diente (z. B. Ton, Stein, Tierhäute etc.). Informationen konnten somit ohne Worte und Präsenz anderer Menschen ausgetauscht werden. Die dritte Entwicklungswelle stellt nach Giesecke der Buchdruck dar.[7] Es war nun möglich, Flugblätter oder auch Bücher nahezu mühelos in hoher Auflage zu vervielfältigen.

Die „erste frühindustrielle Massenproduktion vollkommen gleichartiger Güter"[8] fand nahezu

---

4 Vgl. Mediatisierte Welten. Forschungsfelder und Beschreibungsansätze, hrsg. von Friedrich Krotz und Andreas Hepp, Wiesbaden 2012, hier 35 und Andreas Hepp, Medienkultur. Die Kultur mediatisierter Welten, Wiesbaden 2011.

5 Vgl. Michael Giesecke, Sinnenwandel, Sprachwandel, Kulturwandel. Studien zur Vorgeschichte der Informationsgesellschaft, Frankfurt am Main 1992, 36.

6 Obgleich Giesecke von Medienrevolutionen spricht, nehme ich den Begriff der Entwicklungs- bzw. Wandlungsprozesse auf; diese stehen inhaltlich für die unter Giesecke beschriebenen Medienrevolutionen. Zu den ersten vier vgl. Michael Giesecke, Als die alten Medien neu waren. Medienrevolutionen in der Geschichte, in: Information ohne Kommunikation?, hrsg. von Rüdiger Weingarten, Frankfurt am Main 1990, 75–98, hier 75 f. Eine ähnliche Einteilung, aber bezogen auf die entstandene Kultur nahm der Medientheoretiker McLuhan vor. Er sprach von der oralen Stammeskultur, der lateralen Manuskript-Kultur, der Gutenberg-Galaxis und dem elektrischen bzw. elektronischen Zeitalter. Vgl. Herbert Marshall McLuhan, The Gutenberg Galaxy. The Making of Typographic Man, London 1962. Herbert Marshall McLuhan, Understanding Media: The Extensions of Man, New York 1964.

7 Dagegen bezweifelt u. a. Frieder Schanze, Der Buchdruck eine Medienrevolution?, in: Mittelalter und frühe Neuzeit. Übergänge, Umbrüche und Neuansätze, hrsg. von Walter Haug, Tübingen 1999, 286–311, den Buchdruck als medienrevolutionäres Ereignis.

8 Johannes Burkhardt, Das Reformationsjahrhundert. Deutsche Geschichte zwischen Medienrevolution und Institutionenbildung 1517–1617, Teil 1, Stuttgart 2000.

zeitgleich mit der reformatorischen Bewegung statt, d. h. kirchen- und kommunikationsgeschichtliche Ereignisse überschnitten sich und bedingten einander. Es gab nun die „Hochtechnologie" des Buchdrucks, die genutzt, und eine Reihe an kirchenpolitischen und theologischen Anliegen, die verbreitet werden wollten, darunter Luthers Einsicht, dass das Wort Gottes jeden Menschen als Gesetz oder Evangelium treffen kann und der „eynfelltige man" das Evangelium verständlich lesen können sollte.[9]

Aktuell vollziehen sich die vierte und fünfte mediale Entwicklungswelle, die der elektronischen und digitalen Medien. Diese lassen sich nochmals in eine Reihe von Mikroevolutionen differenzieren: Von analogen Medien wie Schallplatte und Kassettenrecorder, über digitale Medien wie MP3 und Bluray hin zu digital vernetzten Medien und Endgeräten. Dabei fällt auf, dass der Entwicklungsschub der Medien sich in immer kürzeren Abständen vollzieht. Beschäftigen wir uns gerade noch mit dem Web 2.0, so steht bereits das „Internet of Things", als Web 3.0, vor der Tür: Gegenstände, die sich ohne Zutun menschlicher Interaktion miteinander unterhalten und Entscheidungen treffen.

2. Literaturhinweise

Burkhardt, Johannes: Das Reformationsjahrhundert. Deutsche Geschichte zwischen Medienrevolution und Institutionenbildung 1517–1617, Teil 1, Stuttgart 2002.

Giesecke, Michael: Als die alten Medien neu waren. Medienrevolutionen in der Geschichte, in: Information ohne Kommunikation?, hrsg. von Rüdiger Weingarten, Frankfurt am Main 1990, 75–98.

Giesecke, Michael: Der Buchdruck in der frühen Neuzeit. Eine historische Fallstudie über die Durchsetzung neuer Informations- und Kommunikationstechnologien, Frankfurt am Main 1991.

Giesecke, Michael: Sinnenwandel, Sprachwandel, Kulturwandel. Studien zur Vorgeschichte der Informationsgesellschaft, Frankfurt am Main 1992.

Hepp, Andreas: Medienkultur. Die Kultur mediatisierter Welten, Wiesbaden 2011.

Mediatisierte Welten. Forschungsfelder und Beschreibungsansätze, hrsg. von Friedrich Krotz und Andreas Hepp, Wiesbaden 2012.

3. Didaktisch-methodischer Kommentar

Mit Hilfe der folgenden Arbeitsblätter setzen sich die Schülerinnen und Schüler mit den Wechselwirkungen zwischen der Reformation und der Erfindung und Verbreitung des Buchdrucks auseinander. Die Lernenden vergleichen zudem die damalige und heutige Bedeutung von Medien für das Zusammenleben von Menschen. Im Fokus stehen darüber hinaus die elektronischen bzw. digitalen Medien und deren Bedeutung für die Verbreitung der Bibel heute. Dabei werden auch die Auswirkungen der immer „neueren" Medien auf die Gesellschaft aufgezeigt.

Material 1: Ereignisse der Mediengeschichte

An Ereignissen der Mediengeschichte erwerben die Schülerinnen und Schüler die Kompetenz, die schon immer existierende Verbindung des Christentums mit vielfältigen Medien (Bilder, Lieder, Inszenierung biblischer Texte etc.) zu beschreiben. Die einzelnen medialen Errungenschaften (Schrift, Buchdruck, elektronische Kommunikations- und Informationsmedien, Digitalisierung etc.) werden von ihnen geschichtlich ein-

9 Zu den theologischen Anliegen von Luthers Bibelübersetzung vgl. die kirchengeschichtliche Einführung von Johannes Träger, Baustein 1.

geordnet.[10] Da es nur wenige haltbare Quellen zur Entstehung von Sprache gibt, wurde dieser Entwicklungsschritt ausgelassen. Auf diese Weise erweitern und vertiefen sie Sachwissen über unterschiedliche Epochen der Christentumsgeschichte und deren medialer Prägung. Darüber hinaus erweitern sie ihre methodischen Kompetenzen, indem sie zielgerichtet in und mit „neuen" Medien recherchieren.

Material 2: Von der mündlichen zur schriftlichen Überlieferung

Die Schülerinnen und Schüler setzen sich mit der zweiten Entwicklungswelle auseinander: den Weg von der mündlichen Überlieferung zur schriftlichen, der auch in der Überlieferungsgeschichte biblischer Texte von Bedeutung ist. Dabei können sie die Wirkungen der beiden Überlieferungsmethoden beschreiben und Vor- und Nachteile der mündlichen und schriftlichen Überlieferung benennen.

Material 3: Der Buchdruck im Urteil Luthers

Die Tischrede Luthers eröffnet den Schülerinnen und Schülern einen neuen Horizont in Bezug auf die Person Martin Luthers. Sie beschreiben die Wechselwirkungen zwischen der Reformation und dem Buchdruck und können dessen Auswirkungen auf die Kultur (Bild, Musik und Sprache) als auch auf die Etablierung des Medienformates „Buch" benennen. Sie erweitern zudem ihre Fähigkeit zur Perspektivübernahme, indem sie aus Luthers (theologischer) Perspektive heraus die Möglichkeiten neuer Medien in der heutigen Zeit einschätzen.

10 Auflösung: A: am 8. Mai 1954, B: um 1450, C: seit September 1996, D: ab 1488, E: ca. 70 n. Chr., F: ab 800 v. Chr., G: 2006, H: am 6. Oktober 1956.

Material 4: Lob der Künste

Die Erfindung des Buchdrucks wurde als Kunst wahrgenommen. Doch war der Buchdruck nur eine unter den Künsten der damaligen Zeit. So haben beispielsweise der Abt der Benediktinerabtei Sponheims, Johannes Trithemius (1462–1516), und der französischen Schriftstellers Victor Hugo (1802–1885) noch weitere Künste, die für die Tradierung biblischer und kirchengeschichtlicher Inhalte wichtig waren, gelobt. Die Schülerinnen und Schüler lernen deren Perspektive kennen und erweitern ihre hermeneutischen Kompetenzen, indem sie Hauptaussagen in den Texten von Trithemius und Hugo unterstreichen und passende Überschriften formulieren. Anschließend erweitern sie ihre kommunikativen Fähigkeiten, indem sie eine Standpunktrede zu der Frage verfassen, inwieweit die „neuen" Medien (Radio, Fernsehen, Internet etc.) eine „Wohltat" für die Kommunikation des Evangeliums sind.

Des Weiteren erarbeiten sich die Lernenden in M4d das Wissen, dass das Buch nur eine von vielen Möglichkeiten ist, das Evangelium zu kommunizieren. Bis weit in das 19. Jahrhundert hinein konnten sich viele ein gedrucktes Buch kaum leisten und auch nicht lesen. So war es auch nicht verwunderlich, dass Bibeln mit Bildern illustriert wurden (z. B. die Offenbarung des Johannes).

Material 5: Digitale Medien – eine Medienrevolution wie zu Luthers Zeiten?

Der Grundsatz vom allgemeinen Priestertum aller Gläubigen veränderte langfristig die Struktur christlichen Denkens: Nach evangelischem Verständnis ist kein personaler Vermittler (z. B. ein Priester) zwischen Gott und dem Gläubigen notwendig.

Die Schülerinnen und Schüler nehmen dieses Prinzip anhand von und in neueren Medienprojekten wahr, lernen sich dazu zu positionieren und erarbeiten die Chancen und Herausforderungen dieses Umgangs mit Wissen (Stichwort: Crowdsourcing).

Material 6: Chancen und Risiken von Medien heute

Die Frage nach den Herausforderungen und Chancen der digitalen Medien beschäftigt auch die römisch-katholische Kirche. Die Schülerinnen und Schüler lernen in diesem Zusammenhang die Position von Papst Franziskus kennen, indem sie seine Argumentation zusammenfassen und seine Frage nach dem Beitrag der digitalen Medien zu mehr „Humanität und gegenseitigem Verstehen" eigenständig beantworten. Die darauffolgende lebensweltliche Konkretisierung, in Form der Integration von digitalen Medien an der Schule, soll das zuvor Benannte in ihre Alltagswelt transportieren.

Material 7: Reformation und die neuen Medien

Die Lernenden nehmen durch den Textbeitrag wahr, dass zentrale Anliegen der Reformation noch immer aktuell sind. In Aufgabe 3 gestalten sie zudem ein eigenes Flugblatt mit Hilfe aktueller Medien. Dabei erkennen sie, dass aktuelle Medien durch die nahezu unbegrenzten Distributionswege eine noch größere Tragweite als der Buchdruck haben. Durch die Medienwirkungsanalyse verstehen die Schülerinnen und Schüler die unterschiedlichen Wirkungen der einzelnen Medienformate.

Material 8: Die größte Errungenschaft der Menschheit?

Nachdem sich die Schülerinnen und Schüler über die historische Bedeutung der Gutenberg-Bibel (vgl. Baustein 1) informiert haben, erweitern sie ihre kommunikativen Fähigkeiten, indem sie eine Standpunktrede zu der These verfassen, dass die Gutenberg-Bibel „die größte Errungenschaft der Menschheit" sei.

Sie erweitern ihre mediale Wahrnehmungskompetenz, indem sie einen eigens gestalteten Filmausschnitt zur Bedeutung der Gutenberg-Bibel hinsichtlich Mimik, Gestik, Kleidung, Stimmung, Raumausstattung, Hintergrund, Schnitt, Musik, Geräusche, Kameraführung etc. beschreiben.

M1 Ereignisse der Mediengeschichte

In der europäischen Geschichte lassen sich nach der „Erfindung" der Sprache vier weitere mediale Entwicklungen unterscheiden: I. Von der Sprache zur Schrift, II. von der Schrift zum Druck, III. vom Druck zur analog-elektronischen Übermittlung von Botschaften via Telefon, Radio und TV sowie IV. von der analogen zur digitalen Übermittlung via Internet.

1. Ordne die folgenden medialen Ereignisse (A–H) jeweils einer Entwicklung zu (I–IV).
2. Ordne die Ereignisse (A–H) dem Zeitstrahl zu. Nimm bei Bedarf eine Suchmaschine im Internet zur Hilfe.
3. Beschreibe mit wenigen Worten die Auswirkungen der Ereignisse auf die Gesellschaft. Ordne sie dabei auch nach ihrer Bedeutung für die Gesellschaft.
4. Finde ein eigenes Beispiel und trage es in das freie Feld ein.

A: Das erste „Wort zum Sonntag" wird von Pastor Walter Dittmann gesprochen und über das Fernsehen ausgestrahlt.	B: Erfindung des Buchdrucks im europäischen Raum von Johannes Gutenberg in Mainz.	C: Erste Bibel im Internet im deutschsprachigen Raum (Bibel-Online.net)
D: Das erste gedruckte Flugblatt ist als Massenkommunikationsmittel nachweisbar.	E: Der Evangelist Lukas schreibt auf, was er von anderen über Jesus gehört hat.	F: Biblische Erzählungen, Dichtungen und Sprüche, aber auch amtliche Mitteilungen wurden erstmals schriftlich festgehalten.
G: Mit der Arbeit an der weltweit ersten Übersetzung für neue Medien – der Basis-Bibel – wurde begonnen.	H: Drei Jahre nach dem ersten Seelsorgetelefon in London wird die erste Telefonseelsorge in Berlin eingerichtet.	I: …

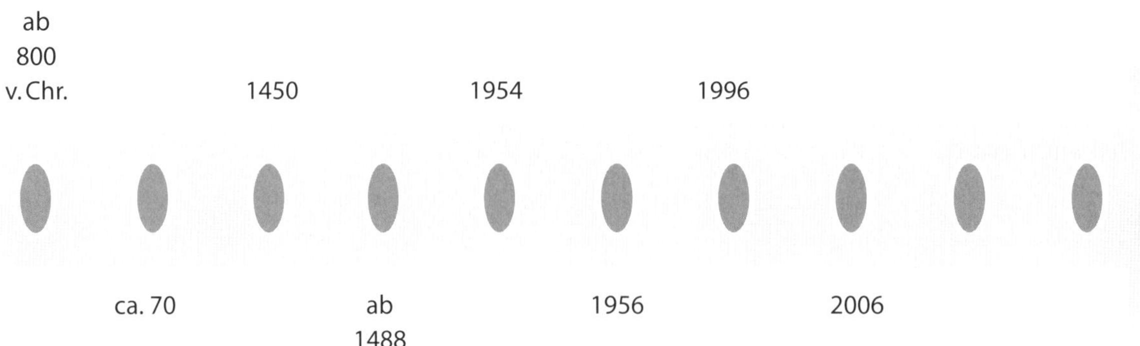

Von der mündlichen zur schriftlichen Überlieferung | M2

„Stille Post"

1. Stellt euch in einer Schlange hintereinander auf. Ein Schüler bzw. eine Schülerin flüstert die Nachricht von Lukas (siehe unten) nun von Mund zu Ohr an seinen Nachbarn weiter. Weiter geht es zum jeweiligen Nachbarn. Der oder die Letzte in der Reihe gibt das Gehörte für die gesamte Gruppe wieder. Notiere deine Beobachtungen in der Tabelle unter Durchlauf 1.
2. Wiederholt die Übung. Allerdings hat jeder bzw. jede Dritte einen Zettel und einen Stift. Ist diese Person an der Reihe, so schreibt sie die Nachricht auf und gibt den Zettel seinem Nachbarn weiter, der die Nachricht wieder flüsternd weitergibt. Der oder die Letzte teilt die Nachricht der Gruppe laut mit. Notiere deine Beobachtungen in der Tabelle unter Durchlauf 2.
3. Wiederholt die Übung noch einmal, diesmal schreibt jeder bzw. jede die Nachricht ab, gibt sie weiter und dieser schreibt sie ab. Fülle nun die letzte Spalte der Tabelle unter Durchlauf 3 aus.

„Fürchtet euch nicht! Siehe, ich verkündige euch große Freude, die allem Volk widerfahren wird; denn euch ist heute der Heiland geboren." (Lukas 2,10f.)

	Wie verändert sich der Inhalt der Nachricht?	*Wie erlebst du die Nachrichtenüberlieferung?*	*Welche Vor- und Nachteile hat die mündlich bzw. schriftliche Überlieferungsmethode?*
Durchlauf 1: mündliche Überlieferung			
Durchlauf 2: mündliche und schriftliche Überlieferung			
Durchlauf 3: schriftliche Überlieferung			

4. Nach dem hier vorgeführten Prinzip der mündlichen Überlieferung könnte man davon ausgehen, dass in der heutigen Bibelüberlieferung viele Überlieferungsfehler vorhanden sind. Was könnten die Menschen damals getan haben, damit es nicht zu solchen Fehlern kommt?

M3 Der Buchdruck im Urteil Luthers

„Die hohen Wohltaten der Buchdruckerei sind mit Worten nicht auszusprechen. Durch sie wird die Heilige Schrift in allen Zungen und Sprachen eröffnet und ausgebreitet, durch sie werden alle Künste und Wissenschaften erhalten, gemehrt und auf unsere Nachkommen fortgepflanzt. Die Truckerey ist summum et postremum donum[1], durch welches Gott die Sache des Evangelii[2] forttreibet."[3]

Aus Martin Luthers Tischreden

1. **Welche „Künste und Wissenschaften" könnte Luther gemeint haben? Schreibe die Künste und Wissenschaften auf, die es deiner Meinung nach damals und heute ohne Buchdruck nicht gäbe.**
2. **Stelle dir vor, Luther wäre es möglich, einen Tag im Jahr 2017 verbringen zu können. Was würde er deiner Meinung nach über die Bedeutung der neuen Medien (Radio, Fernsehen, Internet etc.) für die Heilige Schrift sagen? Verfasse eine eigene Tischrede.**

---

1 Summum et postremum donum (lat.), bedeutet soviel wie „das höchste und äußerste Geschenk".

2 Evangelium (Lehnwort aus dem Griechischen), bedeutet soviel wie „die gute Nachricht".

3 WA Tischreden 2, Nr. 2772 b, 17–20.

Zum Lob der Schreiber: Johannes Trithemius (I) | M4a

Der Abt der Benediktinerabtei Sponheims, Johannes Trithemius (1462–1516) sang im Jahr 1492 ein Loblied.

„Wer wüßte nicht, welcher Unterschied zwischen Handschrift und Druck besteht? Die Schrift, wenn sie auf Pergament geschrieben wird, vermag tausend Jahre zu überdauernd; wie lang wird aber der Druck, der ja vom Papier abhängt, Bestand haben, wenn ein Papiercodex zweihundert Jahre überdauert, ist es viel; gleichwohl glauben viele, ihre Texte dem Druck anvertrauen zu müssen. Hierüber wird die Nachwelt befinden. Selbst wenn jetzt schon viele Bände gedruckt vorliegen, werden doch niemals so viele gedruckt sein, daß man nicht etwa wieder etwas zum Schreiben wird finden können, das noch nicht gedruckt ist. Schwerlich wird auch jemand alle gedruckten Bücher auffinden oder für sich erwerben können. Selbst wenn alle Werke der ganzen Welt gedruckt würden, bräuchte ein hingebungsvoller Schreiber von seinem Eifer keineswegs abzulassen; er müßte vielmehr auch den gedruckten und nützlichen Büchern Dauer verleien, indem er sie abschreibt, da sie ansonsten nicht lange bestand hätten. Erst seine Leistung erwirbt den dürftigen Werken Autorität, den wertlosen Größe und den vergänglichen Langlebigkeit. Ein begeisterter Schreiber wird jedenfalls immer etwas finden, was seiner Bemühung wert ist. Er begibt sich nicht unter die Abhängigkeit des Druckers; er ist frei und erfreut sich seiner Freiheit, indem er seine Aufgabe erfüllt. Und er ist dem Drucker keineswegs so unterlegen, daß er wegen dessen Kunst seine Bemühungen aufgeben müßte."

Aus *De Laude Scriptorum* von Johannes Trithemius, 1492, übersetzt aus dem Lateinischen[1].

1. Unterstreiche die Hauptaussagen in dem Text von Trithemius.
2. Schreibe über den Text eine passende Überschrift.
3. Verfasse eine eigene Standpunktrede (siehe **M4c**) zu der Frage, inwieweit der Buchdruck eine „Wohltat" für das Evangelium war / nicht war (vgl. dazu die Einschätzung Luthers **M3**).

1 Johannes Trithemius, De Laude Scriptorum. Zum Lobe der Schreiber. Eingeleitet und übersetzt von Klaus Arnold. Würzburg 1973, Originaltitel 1492, 63 ff.

M4b Ein Lob auf die Buchdruckkunst: Victor Hugo (II)

Der französische Schriftsteller Victor Hugo (1802–1885) bezieht in seinem Roman *Notre-Dame in Paris* im Jahr 1831 Stellung zur Erfindung der Buchdruckerkunst.

„Die Erfindung der Buchdruckerkunst ist das größte Ereignis der Geschichte. Es ist die fortzeugende Revolution. Es ist die Ausdrucksweise der Menschheit, welche sich vollständig verjüngt; es ist der menschliche Gedanke, welcher eine Form ablegt und dafür eine andere anzieht; es ist die vollständige und letzte Häutung jener symbolischen Schlange, die seit Adams Zeiten den Geist vorstellt. In der Gestaltung durch Buchdruck ist der Gedanke unvergänglicher, denn je zuvor; er ist beflügelt, unfaßbar, unvertilgbar. Er vereinigt sich mit der Luft. Zur Blütezeit der Baukunst ward er zum Berge und nahm gewaltthätig von einem Orte und einem Jahrhunderte Besitz. Jetzt wird er zur Vogelschaar, zerstreut sich in alle vier Winde und hat zugleich alle Punkte des Himmels und der Erde inne.

Wir wiederholen es: wer sieht nicht, daß der Gedanke in dieser Gestalt noch viel unauslöschlicher ist? Von der Festigkeit, die er besaß, gelangte er zur Schnelligkeit. Von der Dauerhaftigkeit geht er zur Unsterblichkeit über. Man kann eine feste Substanz vernichten, wie aber will man die Allgegenwart vertilgen?

Um also das, was wir bis jetzt in einer nothwendigerweise unvollständigen und verstümmelten Art gesagt haben, zusammenzufassen, so hat das menschliche Geschlecht zwei Bücher, zwei Register, zwei Testamente: die Baukunst und die Buchdruckerkunst, die Bibel aus Stein und die Bibel aus Papier. Wenn man diese zwei, im Laufe der Jahrhunderte so weit geöffneten Bibeln betrachtet, so ist es gewiß erlaubt, über die offenbare Erhabenheit der granitnen Schrift, über diese riesigen in Colonnaden, in Portale, in Obelisken geformten Alphabete, über diese von Menschenhänden aufgerichteten Berge zu trauern, die von der Pyramide des Cheops an bis zum Straßburger Münster die Welt und die Vergangenheit bedecken. Man soll die Vergangenheit auf diesen marmornen Blättern wiederlesen, man muß das von der Baukunst geschriebene Buch bewundern und fortwährend wieder durchblättern; aber man darf die Größe des Denkmales nicht in Abrede stellen, das sich auch seinerseits die Buchdruckerkunst aufrichtet."

Aus *Notre-Dame in Paris* von Victor Hugo, 1831[2]

1. Unterstreiche die Hauptaussagen in dem Text von Victor Hugo.
2. Schreibe über den Text eine passende Überschrift.
3. Verfasse eine Standpunktrede (siehe **M4c**) zu der Frage, inwieweit der Buchdruck eine „Wohltat" für das Evangelium war / nicht war (vgl. dazu die Einschätzung Luthers **M3**).

---

2 Hugo Victor, Notre-Dame in Paris. Übersetzung von Friedrich Bremer, Leipzig 1895, 216ff.

Methode der Standpunktrede | M4c/d

Struktur einer Standpunktrede (10 Minuten Vorbereitung, 1 Minute Sprechzeit)

1. Mein Standpunkt	Ich bin der Ansicht, dass…
2. Begründung des Standpunktes	Dafür kann ich drei Gründe nennen. Ersten…
3. Erläuterung / Beispiele / Textbelege	Ich möchte dies an einem Beispiel verdeutlichen.
4. Fazit / Konsequenzen	Zusammenfassend kann man sagen, dass…
5. Appell	Es ist also wichtig, dass…

Das Buch als Allheilmittel?

„[…] auch die Leien können beide, Episteln und Euangelia, reichlich verstehen, auch daheimen selbs lesen und gar viel, viel mehr und alles reiner daraus nehmen, denn wir zuvor aus allen Predigten nehmen kundten“[3]

Aus Martin Luthers *Vorrede zu Crucigers Sommerpostille*, 1544

1. Beziehe Stellung zu Martin Luthers Aussage. Inwiefern kann man an seiner Aussage Kritik üben?
2. Neben Luthers „Meisterwerk“, der Bibel, gab und gibt es noch weitere Möglichkeiten, der Bevölkerung biblische Inhalte medial zugänglich zu machen.
   In welcher Form kann man biblischen Inhalten (Erzählungen, Personen, Symbolen etc.) noch begegnen? Welche Medien werden dabei verwendet? Entwirf dazu eine Mindmap und nenne konkrete Beispiele.
3. Startet eine (Online-)Recherche zu der Frage, welcher Zugang zur Bibel zu welcher Zeit für die Menschen besonders von Bedeutung war bzw. ist.

3 WA 21, 201, 18–21.

M5 Digitale Medien – eine Medienrevolution wie zu Luthers Zeiten?

Die Offene Bibel – das Priestertum aller Gläubigen?

„Ihr aber seid das auserwählte Geschlecht, die königliche Priesterschaft, das heilige Volk, das Volk des Eigentums, dass ihr verkündigen sollt die Wohltaten dessen, der euch berufen hat von der Finsternis zu seinem wunderbaren Licht"

Aus 1. Petrus 2,9 übersetzt nach Luther 1984

„Alle Christen sind wahrhaft geistlichen Standes, und ist unter ihnen kein Unterschied dann des Amts halben allein. Demnach so werden wir allesamt durch die Taufe zu Priestern geweiht. Was aus der Taufe gekrochen ist, das mag sich rühmen, dass es schon Priester, Bischof und Papst geweiht sei."[1]

Aus *An den christlichen Adel* von Martin Luther, 1520

„Die Bibel zugänglich zu machen – das ist das Anliegen der Offenen Bibel. Als ökumenisches Mitmach-Projekt arbeiten wir gemeinsam an neuen Bibelübersetzungen. Unsere drei Übersetzungen (Studien- und Lesefassung sowie Bibel in Leichter Sprache) dürfen frei genutzt, bearbeitet und kopiert werden. Die ‚Offene Bibel' ist ein Mitmach-Projekt, bei dem auch Sie herzlich willkommen sind. Wir übersetzen aus dem Urtext und arbeiten danach gemeinsam an guten deutschen Formulierungen. Wir freuen uns über die Zusammenarbeit von Menschen mit zahlreichen verschiedenen Interessen und Fähigkeiten."[2]

Offene Bibel

1. Luther sprach in *An den christlichen Adel* vom „Priestertum aller Gläubigen". Dabei bezog er sich auf 1. Petrus 2,9. Fasse mit eigenen Worten zusammen, was er darunter verstand.
2. Entspricht die Offene Bibel dem von Luther geforderten Priestertum aller Gläubigen? Begründe deine Meinung.
3. Nenne weitere Beispiele, bei denen verschiedene Menschen gemeinsam über das Internet an einem Thema oder Projekt arbeiten. Was sind die Vor- und Nachteile einer solchen offenen Arbeitsweise. Recherchiere im Internet.
4. Stelle in einer Tabelle die Vor- und Nachteile einer offenen Bibel gegenüber. Positioniere dich anschließend zu der Frage, ob deiner Meinung nach das Projekt „Offene Bibel" gedruckte Bibeln überflüssig macht.

1 WA 6, 407, 13 ff. 22 f.; 408, 11 f.
2 www.offene-bibel.de.

„Die Welt leidet an vielfältigen Formen von Ausgeschlossensein, von Ausgrenzung und von Armut wie auch von Konflikten, in denen sich wirtschaftliche, politische, ideologische und leider auch religiöse Ursachen vermischen.

In dieser Welt können die Medien dazu verhelfen, dass wir uns einander näher fühlen, dass wir ein neues Gefühl für die Einheit der Menschheitsfamilie entwickeln, das uns zur Solidarität und zum ernsthaften Einsatz für ein würdigeres Leben drängt. Gute Kommunikation hilft uns, einander näher zu sein und uns untereinander besser kennenzulernen, in größerer Einheit miteinander zu leben. Die Mauern, die uns trennen, können nur dann überwunden werden, wenn wir bereit sind, uns gegenseitig zuzuhören und voneinander zu lernen. Wir müssen die Differenzen beilegen durch Formen des Dialogs, die es uns erlauben, an Verständnis und Respekt zu wachsen. Die Kultur der Begegnung macht es erforderlich, dass wir bereit sind, nicht nur zu geben, sondern auch von den anderen zu empfangen. Die Medien können uns dabei behilflich sein, besonders heute, da die Kommunikationsnetze der Menschen unerhörte Entwicklungen erreicht haben. Besonders das Internet kann allen größere Möglichkeiten der Begegnung und der Solidarität untereinander bieten, und das ist gut, es ist ein Geschenk Gottes.

Es gibt jedoch problematische Aspekte: Die Geschwindigkeit der Information übersteigt unsere Reflexions- und Urteilsfähigkeit und gestattet es nicht, dass wir uns selbst in abgewogener und rechter Weise ausdrücken. Die Vielfalt der vorgebrachten Meinungen kann als Reichtum wahrgenommen werden; aber es ist auch möglich, sich in einen Raum von Informationen zu verschließen, die nur unseren Erwartungen und Vorstellungen oder auch bestimmten politischen oder wirtschaftlichen Interessen entsprechen. Die kommunikative Umwelt kann uns behilflich sein zu reifen oder, im Gegenteil, die Orientierung zu verlieren. Der Wunsch nach digitaler Vernetztheit kann am Ende dazu führen, dass wir uns von unserem Nächsten absondern, von dem, der uns ganz nahe ist. Ganz zu schweigen davon, dass derjenige, der

© Wikimedia/presidencia.gov.ar

aus unterschiedlichen Gründen keinen Zugang zu den social media hat, Gefahr läuft, ausgeschlossen zu sein.

Diese Grenzen sind real, sie sind aber keine Rechtfertigung dafür, die social media abzulehnen; sie erinnern uns eher daran, dass die Kommunikation letztlich mehr eine menschliche als eine technologische Errungenschaft ist."

Auszug aus einer Rede von Papst Franziskus, aus dem Vatikan, am 24. Januar 2014, dem Gedenktag des heiligen Franz von Sales

1. Stelle in einer Tabelle die von Papst Franziskus genannten Chancen und Risiken von Medien gegenüber.
2. Im weiteren Verlauf der Rede stellt Papst Franziskus folgende Frage: „Was also hilft uns in der digitalen Umwelt, an Humanität und gegenseitigem Verstehen zu wachsen?". Schreibe auf, was du ihm darauf antwortet könntest.
3. An der Schule gab es mehrere Streitfälle, die auf das Versenden von peinlichen Bildern zurückzuführen sind. Von vielen Eltern und einigen Lehrkräften wird daher die Einführung eines Smartphone-Verbotes für alle Schülerinnen und Schüler der Schule gefordert. Verfasse dazu einen Artikel über die Vor- und Nachteile der sozialen Medien für euren Klassenblog und / oder die Schülerzeitung.

M7 Reformation und die neuen Medien

„Die hohen Wohltaten der Buchdruckerei sind mit Worten nicht auszusprechen. Durch sie wird die Heilige Schrift in allen Zungen und Sprachen eröffnet und ausgebreitet, (…) gemehrt und auf unsere Nachkommen fortgepflanzt." (Martin Luther, *Tischreden*, vgl. M3)

Ohne diese „Wohltaten" ist die Reformation kaum zu denken. Deutsche Bibeln machen die Runde im ganzen Land, den Armen und Analphabeten werden sie auf den Märkten vorgelesen. Flugblätter – schnell produziert – verbreiten die Botschaft der Reformation im ganzen Land.

Das war damals. Und heute? Die Bibel ist immer noch das meist verkaufte Buch der Welt, hier im Land der Reformation steht sie noch in vielen Bücherregalen – allerdings vielleicht eher in der Hoffnung, dass man nicht in eine so große Notsituation kommt, um darauf zurückgreifen zu müssen. Von Menschen, die Flugblätter verteilen, erwartet man in der Regel wenig Fruchtbares für das eigene Leben, und wer heute auf dem Marktplatz laut aus der Bibel vorlesen würde – nun das wäre den Wohlwollenden ein öffentliches Ärgernis, den weniger Wohlwollenden ein Fall für die Nervenheilanstalt.

Ist die Reformation als Kommunikationsgeschehen also tot?

Nun, heute ist es das Internet, das Kommunikation revolutioniert – das die ganze Welt zu den Menschen nach Hause bringt. Mit Facebook sitzen sozusagen alle Bekannten im Wohnzimmer, Twitter ist das Schwarze Brett der heutigen Zeit – und viele schlagen daran an: Popstars, Regierungssprecher, inzwischen auch Pfarrer und Bischöfe.

Die Reformation wurde getragen durch den geschickten Gebrauch des neuen Mediums Druck. Ich würde mir sehr wünschen, dass wir als Kirche der Reformation zur Verkündigung des Evangeliums ebenso unverkrampft mit dem neuen Medium Internet wären. […]

Aus der Rede *Das Reformationsjubiläum – ein Ereignis von Weltrang. Schlaglichter auf 2017* von Steve Kennedy Henkel, Jugenddelegierter der EKD-Synode, 2012[1]

1. Lies den Text und fasse die für dich wichtigsten Aussagen des Autors zusammen.
2. Unterstreiche die Stellen, die du nicht verstehst. Tausche dich über diese Stellen mit deinem Nachbarn aus.
3. Der Wunsch des Autors wäre eine unverkrampfte Verkündigung des Evangeliums mit dem neuen Medium Internet.
   Klärt, was die „Verkündigung des Evangeliums" für euch bedeutet.
4. Gestaltet ein „digitales Flugblatt" zur „Verkündigung des Evangeliums". Dabei dürft ihr alle euch verfügbaren digitalen Medien nutzen (Video, Podcast etc.). Überlegt auch, wie ihr das Flugblatt anschließend veröffentlichen würdet.
   Stellt euer Flugblatt der Klasse vor und diskutiert die Wirkung eures Werkes.
5. Inwieweit verschweigt Henkel die in **M6** genannten Nachteile der neuen Medienformate? Begründe deine Meinung.

1 Die ganze Rede ist als Video unter www.ekd.de/synode2012/media/video/schlaglicht_henkel.html abrufbar (Zugriff 07.05.2015).

Die größte Errungenschaft der Menschheit?

Martin Luther präsentiert: „Die größte Errungenschaft der Menschheit"

1. Informiere dich in der Schulbibliothek und im Internet über die Bedeutung der Gutenberg-Bibel für die Menschen.
2. Verfasse eine Standpunktrede zu der Frage, ob die Gutenberg-Bibel deiner Meinung nach „die größte Errungenschaft der Menschheit" ist. Wende dabei das gewonnene Wissen aus Aufgabe 1 und den vorherigen Bausteinen an. (Zur Struktur einer Standpunktrede siehe **M4c**)
3. Ein Nachrichtensender möchte 2017 anlässlich des Reformationsjubiläums eure Überlegungen in einer Dokumentation über Martin Luther einbetten. Beschreibt in Partnerarbeit, wie ihr als Regisseure / Regisseurinnen die Inhalte eurer Standpunktreden filmisch darstellen würdet (z.B. als Rede, Dialog, Pantomime, …).
4. Gestaltet dazu ein Storyboard. Achtet dabei auf Mimik, Gestik, Kleidung, Stimmung, Raumausstattung, Hintergrund, Schnitt, Musik, Geräusche, Kameraeinstellung etc. Setzt im Anschluss eure Überlegungen in die Tat um, indem ihr euch dabei filmt.
   (Bei Bedarf erhaltet ihr Tipps zur Filmaufnahme. → Downloadmaterial)
5. Vergleicht eure Kurzfilme in der Klasse miteinander und beschreibt dabei Mimik, Gestik, Kleidung, Stimmung, Raumausstattung, Hintergrund, Schnitt, Musik, Geräusche, Kameraführung.
6. Informiere dich über das Project-Gutenberg. Inwiefern bezieht sich dieses Projekt auf den Namen Gutenberg?

Das Project-Gutenberg – Buchdruck 2.0

Das Project-Gutenberg (www.gutenberg.org/) stellt eine seit 1971 über das Internet frei zugängliche kostenfreie englischsprachige digitale Bibliothek dar, in der Werke angeboten werden, die nicht mehr unter dem Urheberrecht stehen. Derzeit sind dort über 42.000 Werke verfügbar, darunter 700 deutschsprachige Bücher.

M8 Storyboard